Attilio Brilli
Italiens Mitte

Attilio Brilli
Italiens Mitte

Alte Reisewege und Orte
in der Toskana und Umbrien

Aus dem Italienischen von
Annette Kopetzki

Verlag Klaus Wagenbach   Berlin

Die italienische Originalausgabe erschien 1997 unter dem Titel *Il viaggia-tore immaginario* bei Società Editrice il Mulino, Bologna.
Die deutsche Ausgabe wurde mit freundlicher Hilfe des Autors (siehe Seite 190) illustriert.

Wagenbachs Taschenbuch 313
Deutsche Erstausgabe

© 1997 Società Editrice il Mulino, Bologna
© 1998 für die deutsche Ausgabe: Verlag Klaus Wagenbach, Ahornstraße 4, 10787 Berlin. Umschlaggestaltung Groothuis+Malsy unter Verwendung eines Photos von Roger Antrobus. Das Karnickel auf Seite 1 zeichnete Horst Rudolph. Gesetzt aus der Korpus Bodoni Old Face (Berthold) von der Offizin Götz Gorissen, Berlin. Gedruckt auf chlor- und säurefreiem Papier und gebunden durch die Druckerei Wagner, Nördlingen. Printed in Germany. Alle Rechte vorbehalten.
ISBN 3 8031 2313 5

Der Cicerone als Bärenführer,
Karrikatur von Pier Leone Ghezzi (1725)

Wir leben in einer Zeit, die den Untergang des Mythos von der Reise durch Italien als einer einzigartigen Verbindung von Genuß und kultureller Bereicherung endgültig besiegelt hat. Die Natur ist durch Gewöhnung entleert und durch die Zudringlichkeit des Menschen geschändet worden, und der schöpferischen Einbildungskraft bleiben nur noch sehr enge Räume. In einer solchen Zeit lädt dieses Buch den Leser und potentiellen Reisenden ein, die Reisewege vergangener Zeiten und mit ihnen den Zauber der Landschaft wiederzuentdecken. Dies bedeutet, sich verführen zu lassen von den Büchern der Reisenden, die ihre Erlebnisse in Erzählungen kleideten, und von den Notizen derer, die an diesen Landschaften ihre analytischen Fähigkeiten erprobten. Es bedeutet außerdem, sich spielerisch in eine andere Art des Reisens und in eine Zeit hineinzuversetzen, die nicht mehr die unsere ist, sich Bequemlichkeiten und Beschwernisse vorzustellen, die sich stark von denen unterscheiden, an die wir gewöhnt – oder zu denen wir gezwungen sind.

Mentoren und Führer auf diesen alten Routen und entlang verlockender Wege sind berühmte Schriftsteller und erfahrene Reisende. Ihre Stimmen aus der Vergangenheit lassen vor unseren ernüchterten Augen die Umrisse einer heute kaum mehr vorstellbaren Landschaft entstehen. Wir sehen die bläulichen Silhouetten unbekannter Städte, und wir erleben unerwartete bezaubernde Momente, die den Reisenden für die unvermeidlichen Verzögerungen auf der Reise belohnten; Momente, die ohne diese vielen Zwangspausen unwiederbringlich vergessen wären: »Jene schnellen und dann fast zufällig wiederaufgenommenen Bilder als Ergebnis von Reiseaufzeichnungen, die in jenen Jahren sehr genau waren«, wie Gadda in seinen *Wundern Italiens* schrieb. Es war jene Fähigkeit, Distanz und Sehnsucht zu verbinden, die allein unvorsichtige Begeisterungsausbrüche, aber auch grimmige Sarkasmen bremsen kann. Wir dürfen also behaupten, daß dies eine Reise ist, die auf den Seiten der Tagebücher und Stadtführer von Reisenden vergangener Zeiten stattfindet. Das ist ganz natürlich, denn zwischen den Reisenden unterschiedlicher Zeiten und Kulturen hat es immer schon ein stillschweigendes Einverständnis gegeben. Stendhal lobte Misson, seinen Vorgänger aus dem 17. Jahrhundert: »Missons *voyage* ist in vielerlei Hinsicht eine nützliche Lektüre, der Mann ist vernünftig und scharfsinnig, er steht weit über dieser Herde von eingebildeten Dummköpfen, die Tagebücher über Italienreisen geschrieben haben«; und der äußerst anspruchsvolle Henry James legte sich, als er zu seiner Reise aufbrach, den hundert Jahre alten Reiseführer von Forsyth in den Koffer.

Die Idee, vergessene Reisewege erneut vorzuschlagen, entstand aus der heute deutlicher denn je empfundenen Notwendigkeit, unsere natürliche Umgebung und unsere Kulturlandschaften mit anderen, mit empfänglicheren, wacheren Augen wahrzunehmen – und die Reise damit zu einer Form der Begegnung und einem Mittel der Erkenntnis zu machen. Ein solches Bewußtsein kann dazu anregen, sich für ungewohnte Reisestrecken zu entscheiden, für Wege, auf die uns frühere, von den »Wonnen« Italiens faszinierte Reisende führen. In diesem Sinn möchte das Buch eine kreative Seite des Reisens hervorheben, damit der Leser, wenn er die ausgetretenen Reisewege verläßt, andere Wege zu entdecken lernt, die seit langem vergessen sind, doch an der Seite berühmter Begleiter noch immer in unveränderter Frische erlebt werden können.

Auf dem Gebiet des Tourismus, wie übrigens auch auf vielen anderen Gebieten, verhalten wir uns, als wäre die Welt unerschöpflich, als könnten wir sie ungestraft überfallen und verwüsten, immer begierig darauf, auf unbekanntem Kurs über sagenumwobene Landstriche und endlose Meere zu ziehen. Vielleicht ist jetzt der Moment gekommen, eine buchstäbliche und nicht mehr nur metaphorische Interpretation von der romantischen »Erfindung« neuer Räume hinter der Mauer der Tatsachenwirklichkeit zu versuchen. Solche Orte der Einbildungskraft oder der Vorstellung können nämlich genau die Räume sein, durch die die Reisenden Huxleys fuhren, von denen er sagt, daß bei ihnen »das Reisen nicht mehr nur eine Bewegung durch den Raum ist, sondern auch zu einer Entdeckungsfahrt durch die Zeit und die Geschichte des Denkens wird«.

Das vergessene Netz einiger der am häufigsten befahrenen Reisestrecken früherer Zeit – stille Mahnungen an andere Wege der Geschichte, die heute unter lärmenden Autobahnen verschwunden sind – hält Anregungen zu außerordentlich reizvollen Reisewegen bereit, auf denen die Vergangenheit lebendig wird. Eine wandernde Wiederentdeckung von Vergangenem ist immer noch möglich in einem Land wie Italien, in dem die Tradition der Kunst die natürliche Umwelt geformt und sie in jeder Schlucht, jedem abgeschiedenen Tal, jeder ummauerten Stadt so bewundernswert vielfältig gestaltet hat. Ein Land, das noch in den zwanziger Jahren, um es mit D.H. Lawrence zu sagen, »dem düsteren Zauber der keltischen Landschaften, dem Schrecken der großen Pyramiden Mexikos oder der freundlichen Götzenverehrung an Buddhas Stätten in Ceylon ... die süße Ruhe, die beglückende Intimität« seiner etruskischen Nekropolen entgegensetzen konnte. Ein Land, das bis heute amerikanischen *sophisticated travellers* die Gelegenheit bietet, ihre Reiseführer mit Beschreibungen der letzten städtebaulichen, künstlerischen und landschaftlichen Wunder in der Toskana, Umbrien und den Marken zu eröffnen.

J. D. Harding, *Ansicht von Vallombrosa,* 1832

Reisewege

Das Grün von Vallombrosa

Bis heute beflügeln die in den Wäldern des toskanischen Apennin versteckten Einsiedeleien und Heiligtümer mit ihrem Zauber die Einbildungskraft. Es sind Stätten einst lebendiger, vielfältiger Frömmigkeit, und sie sind alle miteinander durch eine Wallfahrtsstrecke verbunden, die für den europäischen und amerikanischen, besonders aber für den englischen Reisenden wegen ihrer landschaftlichen Schönheit und in naturkundlicher Hinsicht immer schon eine herausragende Bedeutung hatte. Heute dürfen wir sie daher zu den wichtigsten ökologischen Reisewegen zählen, und dies mit um so größerem Recht, als die Gebirgsstraße, die von Vallombrosa nach Camaldoli und weiter bis zum Vernagebirge führt, schon seit dem 18. Jahrhundert als ein »grüner« Pfad gerühmt wird, der sich mitten durch die schönsten Wälder Mittelitaliens zieht und zu einer Entdeckungsreise anregt, die einen Beigeschmack von Abenteuer bewahrt hat.

Für den Reisenden ist der Besuch Camaldolis und der Verna im allgemeinen mit einer Besichtigung des Klosters verbunden, das Florenz am nächsten liegt, nämlich Vallombrosa. Vallombrosa übte auf den Reisenden aus dem angelsächsischen Kulturraum eine besonders starke Anziehungskraft aus, denn an einer sehr wichtigen Stelle des englischen Nationalepos, John Miltons *Paradise Lost*, heißt es, die engelhaften Wesen erschienen »thick as the autumnal leaves ... in Vallombrosa«. Indem er diesen Vergleich zitiert, ehrt der Reisende das Andenken an den jungen Milton, der 1638 seine *Grand Tour* unternahm und lange in Florenz Station machte, wo er Galileo Galilei besuchte. Während dieses Aufenthaltes in Florenz hatte Milton Gelegenheit, eine Fahrt nach Vallombrosa zu unternehmen; daran erinnert noch heute eine Gedenktafel im Gästehaus des Benediktinerklosters.

Nach Vallombrosa, wo unsere Route beginnt, gelangte man – wie heute auch noch – gewöhnlich von Florenz aus. Tatsächlich ist dieser Ausflug nach Vallombrosa in allen Stadtführern durch Florenz aus dem 18. und 19. Jahrhundert vorgesehen. »Seit einiger Zeit fangen die Reisenden an, sich auch in das Tal des Arno zu begeben, wo sie entdecken, daß es in Italien außer den Hauptstädten noch viele andere Dinge zu sehen gibt... Beliebt ist es heute, zu den Heiligtümern zu pilgern, wie die Leute sagen. Von Florenz aus besucht man einige Tage lang Vallombrosa, darauf Camaldoli und dann das Kloster Alvernia, die Wiege der Franziskaner...«, wie der Deutsche Theodor Hell bemerkte, der damit einen deutlichen Wandel in den Reisegewohnheiten erkannt hatte, nämlich die neue Lust am Unbekannten und an einer ausgeprägteren kulturellen Besonderheit der Reiseziele.

Die Route über die Einsiedeleien hatten damals allerdings schon andere *grandtourists* vorgezeichnet, häufig von dem Wunsch angetrieben, eine allzu starr vorgeschriebene und ganz den Gepflogenheiten unterworfene Reiseroute abzuwandeln. Peter Beckford, englischer Adliger mit einer außergewöhnlichen Empfänglichkeit für die Topographie eines Ortes, beschreibt 1785 die Straße, die zum Kloster San Giovanni Gualberto führt. Beckford erinnert uns daran, daß man von Florenz aus bequem nach Pontassieve gelangte, sich dann jedoch zu Pferd oder auf dem Rücken eines Maultiers fortbewegen und einem Führer anvertrauen mußte. Paterno, ein »wilder Ort«, wie das ganze Umland, ist eine geeignete Etappe, um sich zu erfrischen und neue Kraft zu schöpfen. Auf der gesamten Strecke staunt man über die rauhe Großartigkeit dieser Waldszenerie, die unterbrochen wird von Felsen, steilen Abgründen, Wasserfällen und von dem ungeheuren Gebirge, das hochmütig auf seine Umgebung herabblickt. Ein Wald aus Kastanienbäumen geht über in einen Tannenwald, und schließlich gelangt man zum Kloster, das auf einer

Wiese steht, vom Wald umgeben wie die Bühne eines Amphitheaters.

Bevor wir uns mit der sakralen Bedeutung und dem Zauber dieses Ortes und seiner Landschaft beschäftigen, hören wir Frances Trollope, eine besonders aufmerksame Reisende, die uns daran erinnert, daß das meistgebrauchte Transportmittel für die Reisenden, die – wie immer über die in Pontassieve beginnende Strecke – von Pelago oder Paterno aus kamen, bis zur Mitte des letzten Jahrhunderts ein Schlitten war, »eine Art Weidenkorb auf zwei Stangen, die wie Kufen über den Boden gleiten und von Ochsen gezogen werden«. Der Aufstieg zum Kloster entpuppte sich dann als ziemlich langwierig und unbequem, weil sich der Schlitten im gemessenen Schritt der Ochsen ruckartig bewegte und der holprige Boden den Insassen heftige Stöße versetzte.

Unser Führer Peter Beckford liefert uns eine vom ästhetischen Kanon des 18. Jahrhunderts geprägte Gesamtansicht Vallombrosas. Vom Kloster und den umliegenden Wiesen aus schweift der Blick über Wälder und Berge, die, bis zum Horizont immer schärfer umrissen, »die Kunst herauszufordern« scheinen. Wohin auch immer man den Blick richtet, trifft man auf Ansichten, die bezaubern: »Soweit das Auge reicht, zeichnet die Natur mit Hilfe der großen Tannen und ihren langen Zweigen das Profil der Landschaft.« Beeindruckend die Ausblicke bis zum Vernamassiv, nach Camaldoli und den Bergen der Romagna. Entzückend dagegen die Anblicke der unmittelbaren Umgebung, so daß dank der abwechslungsreichen Landschaft des Arnotals ein Kontrast zwischen einer wilden Naturszenerie und einem sanfteren, weich verschwommenen Hintergrundbild entsteht.

In jener Zeit wird Vallombrosa zum Lieblingsziel für Maler, und dieses Erbe ist heute noch spürbar, es erweist sich sogar als das beste Heilmittel gegen die Melancholie, die den zufällig vorbeikommenden Wanderer hier überfallen kann. 1798 berichtet Antoine-Laurent Castellan, ein junger Schüler Valenciennes, daß nur den Künstlern gestattet wurde, ihren Aufenthalt in Vallombrosa zu Studienzwecken zu verlängern. Sie wohnten in den Zellen des Klosters und stiegen gewöhnlich in den ersten Morgenstunden zur Einsiedelei auf dem Paradisino hinauf, von deren Vorplatz aus man einen außerordentlich weiten und schönen Ausblick hat. In dieser Zeit entstanden die stimmungsvollen Gemälde von Louis Gauffier, auf denen die geometrisch präzise und transparent gezeichnete, von Rauten aus Wiesen und Fischteichen rhythmisch unterteilte Landschaft, deren kristallklare Stille ein dunkler Kreis aus Tannenwäldern umschließt, im Vordergrund liebenswert erzählerische Akzente erhält. Hier sieht man die Mönche, die sich mit einigen Reisenden unterhalten und sie verabschieden, wahrscheinlich sind es Engländer, blonde, elegante Gestalten mit ihren locker fallenden Jacken, den Stiefeln und den unvermeidlichen Handschuhen. Die vortrefflichen Bilder Gauffiers sind nicht die einzigen Darstellungen, die bezeugen, wie Ausländer die Abtei und ihre Landschaft wahrgenommen haben, hinzu kommen die Zeichnungen von Fabre und Hackert, die fast gleichzeitig entstanden sind.

Sehr interessant ist außerdem die Kolonie amerikanischer Künstler, die sich in der zweiten Hälfte des 19. Jahrhunderts in Vallombrosa Ateliers einrichteten, darunter der Maler Thomas Cole, der Bildhauer William Wetmore Story und sein Sohn Julian Russell. William, einem feinsinnigen Gelehrten, verdanken wir auch den ersten englischen Führer dieses Ortes, der 1881 in Edinburgh erschien: »Vallombrosa ist nicht sanft oder etwa ohne Temperament: es ist still, wild, einsam, abgelegen, und je nach der Laune der Jahreszeit ist es mal freundlich, mal wütend, immer bereit, jeder Empfindung oder Leidenschaft zu entsprechen...«

Von dieser Landschaft wurde auch Edith Wharton verzaubert. In den ersten Jahren des 20. Jahrhunderts kam sie aus Florenz an, nachdem sie mit dem Zug durch eine Gegend gefahren war, die, wie sie selbst sagte, den Hintergrund auf einem feinen Kupferstich von Mantegna hätte bilden können. An der Bahnstation Sant'Ellero stieg man gewöhnlich aus dem

Zug, um sich einer kleinen Seilbahn anzuvertrauen, deren keuchender, zwischendurch immer wieder mit langen Wassergüssen zu kühlender Motor den Besucher ruckelnd den Berg hinaufschob. Eine Notiz, die die amerikanische Schriftstellerin während der Fahrt schrieb, läßt das Raster erkennen, durch das sie die Landschaft wahrzunehmen pflegte: »Unter uns erstreckte sich das Land mit jener unfehlbaren Genauigkeit im Detail, die den Landschaftsszenerien Mittelitaliens ein merkwürdig präraffaelitisches Aussehen verleiht, als wären sie von einer Hand gezeichnet, die zwar zur Präzision begabt, aber unfähig ist, eine ganzheitliche Wirkung hervorzurufen.« Hinter dem Ferienort Saltino mit seinem nach Milton benannten Hotel setzte man den Weg auf einem Maultier fort, bis die weite, grasbewachsene Mulde erreicht war, wo die Bäume dem Kloster und seinen Nebengebäuden Platz machen.

Von Vallombrosa bis Camaldoli wurde der Weg früher zu einer echten Abenteuerstrecke durch unberührte Natur, und das ist er auch heute noch weitgehend. Frances Trollope gibt uns eine recht beeindruckende Schilderung voll abenteuerlicher Töne und rustikaler Freuden, typisch für ein richtiges *trekking* durch den Apennin. Je höher sie in die Berge oberhalb von Vallombrosa hinaufstieg, desto weitere Ausblicke entdeckte unsere Reisende, bis sie in der Ferne Florenz sah und sogar imstande war, »seinen Dom und den Glockenturm zu unterscheiden«. Dann ändert sich das Aussehen der Landschaft plötzlich, und der Weg führt über Felsen und steile Schluchten bis zum Consuma-Paß, den der Reisende von heute höchst bequem mit dem Auto erreicht. Von hier fuhr man meistens mit der Kutsche über eine gut befahrbare Transportstraße bis zum Dorf Pratovecchio hinunter. Nach einer Stärkung ging es zu Pferde weiter nach Camaldoli. Das Auftauchen des großen Klosterkomplexes nach einem langen, mühevollen Aufstieg wird von Trollope sehr anschaulich und mit unverändert aktuellen topographischen Hinweisen beschrieben. Wir haben eine ähnliche Landschaft vor uns wie in Vallombrosa, schreibt unsere Führerin, doch der Kontrast zur Umgebung des Klosters entsteht hier unvermuteter, jäher. Das letzte Stück des Weges nach Vallombrosa nämlich schlängelt sich durch einen dichten Schlagwald, der zwar sehr beeindruckend ist, aber nicht mit der kalten Welt aus Schiefergestein verglichen werden kann, durch die man nach Camaldoli herabsteigt. Der Kontrast und die schlagartige Metamorphose der Landschaft sind hier stärker:

> »Kaum hatten unsere Pferde den steilen Abhang des Berges hinter sich gelassen, fanden wir uns auf einer bequemen Straße wieder, die zu den großen Gebäuden des Klosters führte. Der Meierhof mit seinen fruchtbaren Weiden, der glitzernde, melodiös rauschende Bach, die prächtigen Nußbäume und die herrlichen Wälder in der Biegung des Tals, das sich zwischen den mächtigen, dicht mit Tannen bewachsenen Hängen des Apennin dahinzieht, all dies formte ein Bild, das mich mit weitgeöffneten Augen staunen ließ.«

Die große Klosteranlage der weißgekleideten Mönche von San Romualdo liegt in einer von Bergen umringten Schlucht, und vor den Gebäuden fließt ein Wildbach, der damals, zur Zeit unserer Reiseberichte, ein Sägewerk antrieb. Alle, die nach Camaldoli kommen, ob aus Liebe zur Natur, aus Frömmigkeit oder einfacher Neugierde, werden besonders von der Kirche und der Gewürzhandlung angezogen. Zu Beginn unseres Jahrhunderts, als Camaldoli noch ein *summer resort* mit kosmopolitischer Atmosphäre war, wo sich im Sommer ausländische Diplomaten und Angehörige des florentinischen und römischen Adels aufhielten, hat uns der englische Konsul in Livorno, Carmichael, eine interessante Beschreibung des Grandhotels von Camaldoli hinterlassen. Oberhalb des Klosters gelangt man nach einer Stunde Fußweg durch dichte Pinienwälder zu der zwischen Pinien versteckten Einsiedelei, wo die Eremiten aus Camaldoli, streng von den Mönchen getrennt, jeder für sich in einzelnen Zellen leben. In seiner heutigen Anlage besteht das Einsiedlerkloster aus etwa zwanzig Zellen, die eher wie kleine Häuschen wirken und wie ein Dorf durch gepflasterte Wege

Dora Noyes, *Camaldoli*, 1905

voneinander getrennt werden. Jede Zelle hat eine winzige Kapelle und ein Oratorium mit eigenem Altar, ein Zimmer mit einem Bett an der Wand, einen kleinen Flur und einen Holzschuppen. Neben jeder Zelle befindet sich ein Grundstück, das als Blumen- und Gemüsegarten genutzt wird.

Von Camaldoli in Richtung Verna zu fahren, bedeutet, die gesamte Landkarte des Casentino, das ganze »geschlossene Tal«, vor Augen zu haben. Diese Gegend zeigt sich dem Reisenden als ein ringsum vom mächtigen Gebirge des Monte Falterona, von den Bergen des Pratomagno und von den Gipfeln der Serra- und der Catenaiakette begrenzter Talkessel, nur im Süden in Richtung Arezzo durch einen Engpaß geöffnet, der dem Arno einen Weg bahnt. In der Mitte des Talkessels liegt eine relativ schmale Ebene, zu der als unmittelbares Gegenstück die von hohen Bergen überragte Reihe kleinerer Hügel gehört. All diese Hügel und Berggipfel tragen Zeugnisse der Geschichte: Dörfer, Burgen, Klöster, Türme, Abteien. Einen schönen Überblick über das Casentinotal, das »so anheimelnd und doch so offen ist, widerspenstig wie ein Gerippe und doch so poetisch«, bietet uns Pietro Pancrazi. In einer Sprache, in der das Echo vergangener Stimmen nachklingt, beschreibt er dessen Lage:

> »Als wir am Consuma-Paß anlangten, bot sich unserem Blick plötzlich das ganze Casentinotal dar, vom Falterona bis zum Pratomagno und zum Vernagebirge in der Ferne, im Vordergrund der Bergrücken von Camaldoli und der Berg Poggio Scali, und an den Hängen der Rauch von den Kohlenmeilern oder den kleinen Dörfern, und unten im Tal, das noch im Schatten lag, der Solano, der Archiano und die anderen kleinen Bächlein, die zwischen ihren Pappeln zum Arno hinfließen wie ein Fischgrätenmuster, und die Häuser des Borgo alla Collina, der Dörfer Poppi und Bibbiena, die im Schatten in klareren Konturen erscheinen.«

Zum Eindruck der »Geschlossenheit« des Tals im Vergleich zur umliegenden Gegend und zum überraschten Entzücken, das jeden Betrachter ergreift, hat nicht nur seine natürliche Anlage, sondern lange Zeit auch das Fehlen eines richtigen Straßennetzes beigetragen. Mit dem Bau des Transportweges durch den Casentino, das heißt, einer von Transportfahrzeugen und Kutschen befahrbaren Straße, wird erst 1786 begonnen, sie führt von Pontassieve zum Consuma-Paß. Nach einer wechselvollen Geschichte ist sie 1818 endlich fertiggestellt. Zu dem Zeitpunkt mußte man allerdings weiterhin durch den Arno, den Archiano und den Corsalone waten, sie konnten erst 1840 auf Brücken überquert werden. Durch die Landschaft des Casentino zu fahren bedeutet für seine Entdecker, durch zwei verschiedene Dimensionen zu reisen, die des Raumes und die der Zeit. Die gewundene Talsohle des Arnobettes (heute an vielen Stellen von Handelsniederlassungen und Industrieansiedlungen verunziert), die einsamen Hügelrücken, die überwältigende Größe endloser Gebirgsketten und uralter Wälder sind Naturerscheinungen voller Mythen, die aus diesem Tal und seinen Bergen einen Schmelztiegel unterschiedlicher

Stimmen, Geschichten und Legenden gemacht haben. Das Ganze wird beherrscht von einer Art Stillstand der Zeit. »Über die Gegend, die Casentino genannt wird, hat die Natur ihre Gaben großzügig verstreut, und so bietet sie den Liebhabern der Kunst und der Geschichte eine unerschöpfliche Quelle an süßen und tiefen Empfindungen«, schrieb ein französischer Reisender zu Beginn unseres Jahrhunderts. »Und es macht den geheimen Zauber der Kunstwerke aus, die man im Casentino bewundern kann, daß sie den Ort, den der Künstler für sie bestimmt hatte, niemals verlassen haben. Hierher möchte ich darum den Reisenden führen, den das Verlangen nach dem Unbekannten und Geheimnisvollen ergriffen hat.«

Wenn es eine vorherrschende Empfindung gibt, die den Reisenden in dieser Gegend begleitet, dann ist es das Gefühl, niemals allein zu sein. Immer ist da jemand, der ihm etwas ins Ohr flüstert: wie eine verführerische Stimme klingt das Rauschen des Waldes, eine andere spricht durch das Rollen der Steine auf dem Weg, wieder eine verliert sich im letzten Windstoß. Es sind die Stimmen der Helden, Gründer und Namensgeber, Hauptfiguren einer ganz eigenen Mythologie des Ortes: große Männer der Religion, wie San Romualdo und der heilige Franziskus, Angehörige des aufrührerischen Geschlechts der Grafen Guidi, Humanisten vom Hof der Medici, Künstler, Fälscher, Betrüger, Mönche, Äbtissinnen ... Nicht zufällig begann vor etwa hundert Jahren eine hervorragende Interpretin des an diesem Ort herrschenden Geistes ihr Buch über den Casentino mit der Erinnerung an die »Eberesche von Porciano«, einen Baum, der den Widerhall von Klängen und Stimmen bewahrte. Auch das Auge läßt sich von der wohlproportionierten Schönheit dieser Gegend verführen, wie der großartige Maler Jakob Philipp Hackert im frühen 19. Jahrhundert bewies, als er angesichts der Wälder des Casentino und der Steilhänge der Verna-Klamm einen »Genuß voller Schrecken« empfand. Täler und Berge haben ihre Mythologie zu vielen märchenhaften Begebenheiten verdichtet, sie sind verbunden mit Orten wie dem Sasso Spicco auf der Verna und dem Castello d'Orlando in Chiusi, dem Torre de' Diavoli in Poppi und den tiefen Tannenwäldern um Camaldoli, vom Reichtum an damit zusammenhängenden Legenden und Geschichten ganz zu schweigen. Die Kunst und die Geschichte scheinen aus den Mauern der Dörfer und Weiler hervorzuquellen und den Betrachter in eine schwindelerregende Zeitreise hineinzuziehen. So erzählt D'Annunzio, wie er im Sommer 1902 in Certomondo eine Terrakottaarbeit der Renaissance-Bildhauer Della Robbia entdeckte, die ihn in einen visionären, entrückten Zustand versetzte:

> »Ich höre mein weites Herz: und ich meine, den schweren Atem der Landschaft zu hören, die in einem langsamen, ekstatischen Martyrium unter der Septembersonne kocht, und ebenso das Weinen der Zikaden, die vergehen in der vergehenden Jahreszeit; und das unterbrochene Murmeln des Windes zwischen Kreuzgang und Keller, zwischen Sakristei und Heuboden ... Und der Wind bringt mir die Stimme meiner Mutter, meinen Namen aus dem Mund meiner Mutter...«

Unter diese alten Stimmen mischen sich heute im Ohr des Reisenden noch andere. Es sind Zitate noch früherer Stimmen: Worte und Sätze all derer, die an ihre Vorgänger aus lang vergangenen Jahren erinnern und so das Echo des Tals in der ganzen Welt verbreiten. Dank dieser außergewöhnlichen Übermittler lernen wir noch andere unbekannte Aspekte dieses faszinierenden Tals kennen, da es uns hier in überraschenden Ausschnitten und Perspektiven neu vorgestellt wird.

Der lange Aufstieg zur Abtei La Verna ist von den Anhängern der Franziskuslegende im Ton eines leidenschaftlichen Mystizismus beschrieben worden. Der Reisende, der sich von Bibbiena aus dorthin begibt, sei an die resümierende, aber geschickte, die Gegend vedutenartig abtastende Schilderung von Paul Sabatier erinnert, dem Calvinisten, der 1893 die erfolgreichste Biographie des Franziskus verfaßte. Nachdem er die Oliven- und Maulbeerbaumplantagen an den Ufern des Arno beschrieben hat, nimmt er sich der sanfteren Abhänge mit den von Wiesen, Stieleichen- und Kastanienwäldern unterbroche-

A. J. C. Hare, *Der Weg nach La Verna*, 1876

nen Kornfeldern an, weiter oben geht er zu einer Aufzählung
der Pinien, Tannen und Lärchen über, schließlich folgt der
kahle Fels. Sabatier fährt fort:

> »Unter all diesen Gipfeln gibt es einen, der besondere Auf-
> merksamkeit hervorruft. Es ist der Verna. Man könnte ihn als
> einen vom Himmel gefallenen, riesigen Monolithen bezeich-
> nen. In Wirklichkeit handelt es sich um einen Findling, der
> dort oben gestrandet ist wie Noahs Arche auf dem Gipfel des
> Ararat. Die nach allen Seiten steil abfallende Masse aus Ba-
> saltgestein krönt eine Hochebene mit riesigen Pinien und
> Buchen, zu der man nur über eine einzige Straße gelangt.«

Unverändert lebendig blieb die Vorliebe für die Einsiedeleien,
wo man einen nachhaltigen Eindruck vom ursprünglichen Aussehen der Natur erhalten kann. Die Einsiedlerklausen bilden

die andere, die mystische Seite des heidnischen Kultes, mit dem die Natur seit alters her verehrt wurde. Hier sind Heilige wie Franziskus tief in die Geheimnisse, in die unveränderlichen Gesetze und Versuchungen der Natur eingedrungen, diese Natur haben sie als eine Offenbarung Gottes mit ihrem Glauben beseelt. Der *bothros*, die den Muttergottheiten geweihte Höhle, lebt mit ihrer ganzen symbolischen und rituellen Kraft in der Gestaltung mittelalterlicher Einsiedeleien wie der »Höhle des heiligen Franziskus« und dem »Aufgesprungenen Stein« der Verna fort. Diese beiden Orte erscheinen der ästhetizistischen Mystik eines Sabatier oder Johannes Jørgensen dann auch wie ein sichtbares Zeichen von Heiligkeit, das sich hier in einer Natur mit chthonischem, tellurischem, gefährlich drohendem Angesicht ausdrückt.

Ähnlich hatte Joseph Forsyth im frühen 19. Jahrhundert das Vernagebirge beschrieben, seine Schilderung nimmt Töne Foscolis vorweg und schließt mit einer Bemerkung über den Vorrang der Kunst, die gegenüber den Verführungskräften des Ortes fast wie eine Befreiung erscheint:

> »Hier herrscht das schreckliche Angesicht der Natur: ein felsiges Gebirge, ein Trümmerhaufen zerbrochener, zerrissener, in erhabener Verwüstung angehäufter Elemente; an ihren Gipfeln von uralten, dunklen, bedrückenden Wäldern gekrönte Schluchten; schwarze Felsspalten, wo die Neugierde schon bei der Vorstellung, sich hinüberzubeugen, erschauert; von Gespenstern bewohnte Höhlen, denen wundertätige Kreuze neue Heiligkeit verleihen; lange Treppen, in den nackten Fels gehauen, die dich ans Tageslicht zurückbringen. Diese Szenerie bietet sich dem Pinselstrich Philipp Hackerts dar, des Preußen, den die Gegenströmung der Kunst aus dem Land der Vandalen herausgeführt hat, damit er Italien mit seinen Landschaftsbildern erfreue.«

Im Essener Museum hängt ein schönes Gemälde Hackerts, auf dem zwei Reisende – ein Mann und eine Frau – benommen, die Augen mit den Händen schützend, nach einem geheimnisvollen Abstieg in die schwarzen Eingeweide der Erde aus der »Höhle des heiligen Franziskus« kommen. Hundert Jahre später, im Jahre 1912, konnte ein derart schreckenerregender Ausschnitt der Natur die beherzte Edith Wharton nicht davon abhalten, den heiligen Berg von Pieve Santo Stefano aus mit dem Auto hinaufzufahren. Sie berichtet davon in einem Brief an Bernard Berenson:

> »Um elf Uhr abends schwankten wir immer noch über den schwindelerregenden Abgründen im Herzen des Apennin, und konnten weder vor noch zurück. Ein Ochsenhüter lud das Gepäck vom Auto und warf es wild durcheinander auf einen Karren. Seine Kameraden gingen hinter uns her, mit Steinen ausgerüstet, mit denen sie an den besonders steilen Steigungen die Hinterräder stützten. Wir erreichten das Tor des Klosters um halb zwölf, und es brauchte eine weitere halbe Stunde, um die Mönche aufzuwecken.«

Am folgenden Tag machte Edith Wharton sich auf die Weiterreise, wofür sie das Auto mit Schleppseilen an der gegenüberliegenden Seite des Berges, die ins Casentinotal führt, hinunterlassen mußte.

Die Straße der göttlichen Proportion

Es gibt nicht wenige Anzeichen, die von einer gewissen Abneigung gegen die herkömmlichen, sachlich unanfechtbaren, aber zunehmend blutleereren Reiseführer zeugen. Das zeigen neben anderen einige unlängst in mehreren europäischen Ländern und in den USA – hierfür stehen William Weaver und Muriel Spark – erschienene Bücher zum Thema Tourismus, in denen ein neuer Geschmack an den Reiseessays und Landschaftsschilderungen früherer Zeiten aufzuleben scheint. Es ist, als würde man auf die Frage: »Wohin fahren?« oder »Wie dort ankommen?« mit Zitaten von Henry James oder André Suarès antworten, anstatt auf den Michelinführer oder den des Touring Club Italiano hinzuweisen.

Abgesehen von der Rückbesinnung auf eine ruhmreiche Tradition der Reiseliteratur, zu der auch Goethe und Stendhal zählen, verwundert es, daß in diesen Veröffentlichungen gleich mehrmals ein Weg vorgeschlagen wird, der als einer der anspruchsvollsten und exklusivsten Reisewege gilt, nämlich der Weg, der den Spuren von Piero della Francesca nachgeht. Man hat den Eindruck, daß seine Geburtsstadt Sansepolcro mit ihrem Talkessel, dem nördlichen Tal des Tiber, seit einiger Zeit zum Lieblingsziel eines gebildeten und bewußten Tourismus aufgestiegen ist. Das ist sie allerdings, trotz ihrer Einsamkeit und spröden Weltabgewandtheit, aus weit zurückliegenden Gründen immer schon gewesen.

Es genügt, im Geist über den vielfach gewundenen Weg zu gehen, der sich durch Arezzo, Monterchi, Sansepolcro und weiter über den Massa Trabaria und den Oberlauf des Metauro schlängelt, um anregende Bemerkungen berühmter Reisender von gestern und vorgestern über die Landschaft, die Lage der Orte, die Kunst herbeizuzitieren. Durch Bemerkungen wie diese hat sich der Ruhm von Sansepolcro und seinem hohen künstlerischen Niveau wie ein Echo verbreitet. Natürlich sind die Stärke wie auch die Schwankungen dieses Echos vor allem mit dem Namen und dem Werk von Piero della Francesca und seiner späten, aber durchschlagenden Wiederentdeckung verbunden. Daß sich die Besichtigung der Werke Pieros an der Seite der ersten Reisenden, die seine Kunst anzog, überdies mit der Entdeckung seines bezaubernden Heimattals verbindet, ist selbstverständlich bei einem Maler, der die Umgebung seines Geburtsortes immer wieder zum exemplarischen Bild der menschlichen Wohnstatt machte. Darin ist er einzig in der Kunstgeschichte, und aus diesem Grund wählen wir ihn als ortskundigen Referenten. Noch vor wenigen Jahren schloß Leslie Gardiner – ein hervorragender schottischer Schriftsteller – seine Beschreibung des Oberlaufs des Tibers mit folgenden Beobachtungen:

> »Der Fluß zog sich wie eine Kette um die verfallenen Mühlen und Abteien und um die Rundungen der Hügel, gekrönt von Bollwerken, die aus dem Grün des Waldes herausragten. Das waren meine Erinnerungen, doch vielleicht hatte ich persönliche Rückblicke und den Tiber, wie Piero della Francesca ihn malte, durcheinandergebracht.«

Tatsächlich werden uns die Natur- und die Kulturlandschaft des Tibertals, so wie sie sich in den Sichtweisen früherer Reisender spiegeln, auf eine so neue Art nahegebracht, daß sie auch dem Kenner vertraut und zugleich unvorstellbar weit entfernt erscheinen, als wären sie vor langer Zeit in einer Art staunender Reglosigkeit erstarrt. Es ist, als hätte sich der ungerührte Blick ihres Lieblingssohnes für immer auf diese Landschaft gelegt.

Wir werden aber nicht nur vom oberen Tibertal sprechen, denn nach Spuren Pieros zu suchen, bedeutet auch, die Berge zu überqueren, über Massa Tabaria hinaus, bis man zum legendären Hof der Grafen von Montefeltro in Urbino gelangt, wo Piero lange Zeit arbeitete und wo man heute die *Geißelung*

Christi und die *Madonna von Senigallia* bewundern kann. Oder man schlägt von Urbino aus den umgekehrten Weg ein und wandert in Gesellschaft einer psalmodierenden Pilgergruppe, die auf dem Heimweg aus der Santa Casa in Loreto ist, durch das von mächtigen Eichen beschattete Tal des nördlichen Metauro, wo überall Dörfer mit einer seit der Renaissance unveränderten Gestalt liegen: Fermignano, Urbania (das alte Castel Durante), Sant'Angelo in Vado, Mercatello, Borgo Pace und zuletzt wieder die Stützpfeiler von Bocca Trabaria... Ein Weg, der auch heute noch so gut erhalten ist, daß man ihn mit den Augen Montaignes oder Furttenbachs, eines berühmten deutschen Verfassers von Reiseführern aus dem 17. Jahrhundert, genießen kann, denn beide gehörten zu den ersten Reisenden, die diesen Weg beschrieben haben.

Doch folgen wir weiter unserer Route, die von Arezzo nach Sansepolcro führt. Wohl kein anderer Reisender hat wie Edward Hutton die Atmosphäre stiller Abgeschiedenheit und natürlicher Zurückhaltung eingefangen, die das nördliche Tibertal von den großen touristischen Strecken unterscheidet:

>»Wenn man hinter Arezzo über die Berge steigt und durch die klare Schönheit der toskanischen Hügel reist, die etwas nicht toskanisches haben – eine Sanftheit, eine Verzauberung, die man nur in Umbrien findet – und schließlich in das Tibertal gelangt, dann stößt man auf eine winzige Stadt zu Füßen des Monte Maggiore im Zentralapennin...«

Von der kurvenreichen Straße, die von Arezzo nach Valtiberina führt, spricht 1862 Thomas Adolphus Trollope mit feinem Gespür für topographische Einzelheiten. Wir erinnern an ihn, weil seine Route mit dem Hinweis auf die Abzweigung nach Monterchi auch in den amerikanischen Führern vorgeschlagen wird, auf die wir oben anspielten, und weil sie bis heute weitgehend unverändert geblieben ist. Trollope verläßt Arezzo »aus einem Stadttor, das direkt gegenüber den Bergen liegt«, und sieht sich, nachdem er die Hügel der Apenninvorläufer überwunden hat, wo er »einen wunderbaren Blick auf Arezzo

26

Francesco Fontani, *Ansicht von Monterchi*, 1817

und das nördliche Arnotal, das sich hinter der Stadt fortsetzt«, genießt, einer neuen Szenerie gegenüber, die zunächst von kargen Bergen beherrscht wird, dann aber erstaunlich abwechslungsreich ist: »Ein steiler Abhang führte uns an die Ufer eines Flüßchens, das sich seinen gewundenen Weg durch eine lange Folge waldbewachsener Schluchten bis zum Tiber bahnte. Es heißt Cerfone und verdient eine Erwähnung wegen des Zusammenspiels von Felsen, Wäldern, Gewässern und Bergen, durch das die Straße ihren Lauf nimmt.« Die Straße folgt dem Tal des Cerfone bis zur Abzweigung nach Città di Castello, auf das wir uns eine Zeitlang zubewegen. In der Nähe der Stelle, wo das Tal in die größere Talebene des Tibers übergeht, erhebt sich ein seltsam gelegener, einzelner Berg, auf dessen Gipfel die ummauerte Ortschaft Monterchi liegt. Die Straße läuft zu seinen Füßen um die Anhöhe herum, bevor sie sich weiter durch das Tibertal zieht, und bietet dem Reisenden dabei eine Reihe von Ansichten aus verschiedenen Blickwinkeln und mit unterschiedlichen Hintergründen auf dieses sehr pittoreske Bergdorf. Es gibt natürlich auch noch einen anderen, wichtigeren Grund für einen Halt, nämlich die *Madonna del Parto* von Piero della Francesca, die in der Friedhofskapelle aufbewahrt wird: das Symbol des Lebens, das am Ort des Todes aufkeimt.

Unsere Route führt uns an der oben erwähnten Weggabelung zurück auf die Straße nach Sansepolcro – die Geburtsstadt Pieros –, unser nächstes Ziel. Eine herrliche Gesamtansicht des nördlichen Tibertals aus der Vogelperspektive – von der Anhöhe, auf der, noch über Monterchi, Citerna liegt – bietet uns der englische Historiker G. M. Trevelyan:

»Diese Biegung des großen Flußes, dort, wo er seine Wiege in den Bergen verläßt, übt eine besondere Wirkung auf die Vorstellungskraft aus, denn das viele Meilen breite Tal, durch das er fließt, vereinigt die Frische einer Gebirgslandschaft mit dem Reichtum und der Ausdehnung einer dichtbesiedelten ländlichen Ebene ... und durch das dichte Netz von Weinstöcken, die das ganze Gebiet bedecken, läuft die Reihe niedriger Bäume, die den Lauf des Tibers beschatten, diesen klaren Fluß mit hellblauen und silbrigen Wirbeln. Das ganze Panorama konnte von der alten, ummauerten Stadt Citerna aus betrachtet werden, deren verfallener Wachturm auf einem mit Olivenbäumen bewachsenen und von drei Seiten von Zuflüssen des Tibers umgebenen Hügel aufragt.«

Früher gelangte man von Arezzo aus über eine andere Straße als die von Trollope beschriebene nach Sansepolcro. Es handelt sich um eine auch heute noch sehr gut befahrbare und ungewöhnlich einsame Strecke, die über Anghiari führt. Auf Furttenbach wirkte Sansepolcro aus der Ferne, vielleicht sogar von Anghiari aus – wir schreiben das Jahr 1607 – etwa so, wie Piero es im Hintergrund der *Taufe Christi* gemalt hatte, und wie auch wir es sehen:

»Vor dem Hause und auf drei Meilen Wegs lang hat es ein ganz ebene und grade Strassen, welche eine schöne *Prospectiva* mit bringt, die Stadt also vor Augen liegen zu sehen, ein ziemlich grosse Stadt, samt einer Vestung auf einem Berg droben dem Großherzog von Florenz und alles bis daher gereiste Land zugehörig.«

Piero della Francesca, *Taufe Christi*, um 1440–45

Votivtafel mit der Ansicht von Sansepolcro, 1522

Noch bis in die späten fünfziger Jahre unseres Jahrhunderts
bleibt das Landschaftsbild des mittleren Tibertals und seiner
unmittelbaren Umgebung nahezu unverändert erhalten, so daß
es sich dem Reisenden, der aus der Ebene von Anghiari oder
von den Ausläufern der Berge dort ankommt, ganz ähnlich
zeigt wie auf den Gemälden Piero della Francescas oder auf
einer kleinen Votivtafel im städtischen Museum von Sansepolcro: »Ein mit Mauern umfriedetes Städtchen, in einer weiten, von Hügeln umgebenen Talebene gelegen«, wie Huxley
1925 schrieb; »eine kleine Stadt, mit ihren roten, rauhen
Dächern von baufälligen Wehranlagen umschlossen«, wie es
sich H.V. Morton im Jahre 1957 darbot.

Ein langanhaltender Stillstand im Prozeß landschaftlicher
Veränderungen, zu dem auch der unberührte Lauf des Tibers

30

beiträgt, den Morton »auf seinem langen Lauf nach Rom zwischen den Steinen kollernd« hört. Ganz ähnlich hatte auch Montaigne ihn auf der nach dem Fluß benannten Brücke, die »klare, liebliche Wasser« überspannt, erblickt.

Von der Gesamtanlage der Stadt gelten vor allem die ruhigen, symmetrischen Ordnungen und die Regelmäßigkeit des Grundrisses als Erinnerungen an Piero della Francesca. Manche loben die schönen Renaissancemaße der Gebäude, andere die perspektivisch verkürzten Anblicke der von sanft geschwungenen Hügeln belebten Straßen, wieder andere betonen die strenge, ländliche Zurückhaltung, mit der der Dom und der Palazzo delle Laudi sich »wie Getreidespeicher« an der Straße entlangziehen.

Von allen in Sansepolcro aufbewahrten Werken Pieros ist die *Auferstehung Christi* zum Wahrzeichen der Stadt geworden, nicht nur weil sie die Sprache der örtlichen Heraldik übernommen hat, sondern auch wegen der wirklichkeitsgetreuen Darstellungsweise, mit der sie eine Geschichte erzählt, die auf diesem Gemälde erst viele Jahrhunderte nach dem Zeitpunkt ihrer eigentlichen Offenbarung stattfindet. Die beispielhafte Verbindung zwischen Sansepolcro und dem Auferstehungsgeschehen als wesentlichen Bestandteilen derselben Geschichte wurde vom Fremden, der seinen Reiseweg bewußt ausgewählt hatte, ebenso wahrgenommen wie vom unwissenden Wanderer. Es erstaunt darum nicht, daß etwa zeitgenössische Zeugnisse – wenngleich mit unterschiedlichen Absichten – sich auf den Christus des Bildes mit Formulierungen beziehen, die eher zu einer heidnischen Gottheit, zu einem tatsächlichen *genius loci* passen. Sie reichen vom »Christus als Waldmensch mit ochsenähnlichen Zügen«, den Longhi mit einem »finsteren, derben umbrischen Pachtbauern« vergleicht, über die »wilde und seelenlose Erhabenheit, die man nicht anders denn als Lebenswille auffassen kann«, von der Albert Camus spricht, bis zum »Helden Plutarchs«, den Huxley in ihm erblickt.

Man mag ihn all seiner literarischen Bezüge entkleiden, der Christus der *Auferstehung* verliert seine Funktion eines Totems

A. H. Layard, Zeichnung nach der *Auferstehung Christi* von
Piero della Francesca, um 1855

für das nördliche Tibertal doch nie ganz, denn dieses Tal und
diese Stadt werden für den Betrachter einen Augenblick lang
zur Metapher für die ganze Welt. Dieser totemistischen Funktion – und natürlich auch dem vollkommenen Ebenmaß, in
dem sich das göttliche Charisma ausdrückt – verdanken wir

daher die uneingeschränkte Bewunderung, die Überfülle an lobenden Worten, die die Wirkungsgeschichte des Gemäldes begleiten.

Die Schutzfunktion Piero della Francescas für Sansepolcro wird aber auch von den traditionellen Darstellungsformen anderer großer Werke bezeugt: von der *Madonna der Barmherzigkeit*, die die Gemeinden unter ihrem Mantel versammelt, über die *Madonna del Parto* im nahen

Piero della Francesca,
Auferstehung Christi (Detail),
um 1459

Monterchi, bis zum jungen *Herkules*, der an seinem Entstehungsort von den neuen Mythen des Humanismus erzählte, bevor Isabella Stewart Gardner ihn nach Amerika mitnahm. Ein symbolischer Schutz, den der Betrachter außerdem in etwas verschlüsselterer Form an der Häufigkeit erkennen kann, mit der die Stadt und das Tibertal auf den Gemälden Pieros auftauchen. Immer wieder ragen, mit großer künstlerischer Frische, aber auch mit einer außergewöhnlichen topographischen Genauigkeit gemalt, auf den Hintergründen seiner Bilder die Umrisse seiner Geburtstadt auf – die gleichen Kirchtürme, die gleichen Stadttore und Häuser, der gleiche Fels – und mit ihnen die reflektierende Wasseroberfläche des Flusses und die geschwungenen Hügel- und Bergketten der Landschaft des Tibertals, das die antike Siedlung der Stadtgründer, der Pilger Egidio und Arcano, wie ein Trog umgibt.

Eine Stadt und ein Tal, die für Piero nicht als Umgebung des eigenen Familienepos Bedeutung erlangten, sondern sich ihm als ein *exemplum* der heiteren, idealen, klassischen Landschaft darboten, ein sinnträchtiger Ort, von Plinius dem Jüngeren in seiner berühmten Epistel mit Bezug auf die eigene Villa *in Tuscis* erwähnt. Die Beschreibung, die Plinius im Brief an Domitius Apollinaris gibt, fängt die Schönheit des Ortes eindrucksvoll ein, indem sie ihn als einen glücklichen, zeitlosen Mikrokosmos schildert. Damit prägte sie bereits die Gepflogenheit, sich ein Bild von der Landschaft des Tibertals zu machen, das malerischen und topographischen Maßstäben gehorcht:

> »Du würdest großes Wohlgefallen empfinden, könntest du diese Gegend von den Hügeln aus betrachten: du würdest nämlich meinen, nicht das Land, sondern ein mit unglaublicher Meisterschaft gemaltes Bild zu erblicken: aus solcher Vielfalt, aus so glücklicher Anordnung ziehen die Augen Genuß, wohin auch immer sie sich wenden.«

Das Tibertal, wo Piero viele religiöse Szenen spielen läßt, ist ein außergewöhnliches Beispiel einer Synthese zwischen Christentum und Humanismus. Das humanistische Modell einer idealen, schönen Landschaft, das zur Metapher eines in sich vollendeten Mikrokosmos erhobene, amphitheaterförmige Tal, bevölkert sich hier mit Hinweisen auf andere Geschichten. In der bildlichen Symbolik verschmilzt der Oberlauf des Tibers mit dem des Jordans, und die Form, in der sich in seinem Tal unterschiedliche, doch einander immer ergänzende Schicksale abspielen, schafft eine typisch humanistische, mahnende Verbindung zwischen heidnischer und christlicher Geschichte. Die Stadt, die im Hintergrund der Bilder auftaucht – von der *Taufe Christi* über den *Heiligen Hieronymus* bis zur *Geburt Christi* – und in immer gleicher Form, wie in Erstarrung, wiedergegeben wird, ist das Inbild des Grabes Christi und seines Vermächtnisses an die Menschen; es ist das Städtchen, das entstand, um sein Andenken und seinen Namen zu bewahren.

Zwischen dem nördlichen Tibertal und dem Tal des Metauro erhebt sich der Massa Trabaria wie eine Wasserscheide von imponierenden Ausmaßen. Aufstieg und Abstieg sind ein Genuß wegen der weiten Rundblicke, die sich auf das umbrische und toskanische Tibertal oder auf den Oberlauf des Metauro bieten, obwohl die heutige Strecke teilweise von dem

Weg abweicht, den Montaigne und Furttenbach nahmen. Letzterer schreibt:

>>Wir zogen den Berg hinunter und mit grosser Gefahr mußten wir zu Pferdt bleiben, dann es also lehmig, daß der Mensch zu Fuß zu gehn mit seinen Kräfften nicht vermag seine Schenckel aus dem Lehm zu ziehen, ja manches Mal den Pferden die Eysen darinnen bleiben, und nit geringe Sorg deß Umfallens haben, sintemalen der Weg an manchen Orten allein 2 Fuß breit, und unten am Berg hats böse Wasser, also daß wann es regnet, man gar nit darüber passieren kann.<<

Die jetzige Straße von Bocca Trabaria – eine Trasse aus napoleonischer Zeit, >>gut geplant und so angelegt, daß man niemals wirkliche Risiken eingeht<<, wie das Urteil des englischen Kunsthistorikers G. P. Konody lautet, der sie 1910 mit einem dreißig PS starken >>White Steam<< befuhr – ist etwa mit der Strecke vergleichbar, die die bedeutenden Fachleute für die Geschichte Urbinos zurücklegten, von Dennistoun, der die *Memoirs of the Dukes of Urbino* verfaßte, bis zu dem irischen Dichter W. B. Yeats, der hier von großen Landgütern und Schlössern träumte.

Die Dörfer, die auch Piero durchquerte, um nach Urbino zu gelangen oder vom Hof des Montefeltro nach Hause zurückzukehren, Dörfer, die nach ihm seine ersten Bewunderer und wichtige amerikanische Kunstsammler besucht haben – man bräuchte hier nur die Bemerkungen von Dan Fellows Platt zu zitieren, einer der Mäzene des New Yorker Metropolitan Museum –, bewahren auch heute noch das zauberhafte Aussehen vergangener Jahrhunderte. Es ist die raffinierte Atmosphäre, die wir auf manchen Seiten von Vernon Lee wiederfinden, die 1883 in Begleitung des Amerikaners Joseph Pennell – einem Illustrator von Reisebüchern – nach Urbino hinaufgeklettert war, und die der Anblick so faszinierte, daß sie darüber eine Erzählung mit interessanten topographischen Angaben schrieb:

»Sant'Angelo, Castel Durante, Mercatello, Fossombrone... Namen von Dörfern, die mich zum Gedenken an irgendeine Schlacht oder an einen grausamen Verrat aus vergangenen Tagen aufforderten. Und während die Bergrücken die untergehende Sonne verbargen und die Täler sich mit hellblauen Schatten füllten, um nur die bedrohliche Nachhut aus rotglühenden Gipfeln dort hinter den Türmen und Kuppeln des auf dem Berg sitzenden Städtchens von der Verdunkelung auszusparen; während der Klang des Vesperläutens davonwehte und sich hinter Urbino an den Steilhängen hinunterstürzend verlor, war ich darauf gefaßt, an jeder Straßenbiegung eine Gruppe Ritter auftauchen zu sehen, die Helme geschlossen, die Schuhe sporenbewehrt, mit ihren im Sonnenuntergang blitzenden Rüstungen und knatternden Standarten.«

Unter den von Vernon Lee aufgezählten Ortschaften verdient Urbania, das alte Castel Durante, besondere Aufmerksamkeit. Kaum eine andere Stadt hält wie diese echte Überraschungen für den neugierigen Reisenden bereit, der hier in den Genuß der Entdeckung aus erster Hand kommt. Die Einzigartigkeit dieses Ortes beruht auf dem Metauro, und nicht nur, weil er die Stadtmauern auf drei Seiten umgibt – die vierte Seite streift außerdem ein heute überdeckter Wildbach –, sondern weil sein Bett sich tief in Wände aus Sandstein eingegraben hat. Kühn geschwungene Brücken verbinden dieses mitten im Fluß gelegene Vorgebirge mit seiner Umgebung, einer Landschaft aus einer freundlichen, mit Stieleichen durchsetzten Ebene, die in Richtung nach Piobbico und zum Monte Soffio hin von pittoresken Hügeln überragt wird. Der Grundriß von Urbania ist wie ein Schachbrettmuster angelegt und wird vom Gebäudekomplex des Herzogspalastes beherrscht. Federico da Montefeltro gebührt das Verdienst, die alte Burg der Brancaleone in einen Palast umgewandelt zu haben, der zur Flußseite hin zwar noch den Charakter einer Festung bewahrt, sich innerhalb seiner Mauern aber auf einen eleganten Innenhof und einen großen Garten öffnet. Zu den Überraschungen, die Urbania für den Reisenden bereithält, zählt die antiquarische Bibliothek in den Sälen des Herzogspalastes. Sie umfaßte ursprünglich fünfzehntausend Bände, die Francesco Maria della Rovere der Gemeinde von Durante geschenkt hatte, wurde dann aber von Papst Alexander VII. um zwei Drittel der Bücher reduziert, mit denen er in Rom die Biblioteca Alessandrina gründete.

Die alten Städte entwickelten sich im allgemeinen rund um die Kathedralen, in Urbino jedoch scheint die Stadt eine Fortsetzung des Herzogspalastes zu sein, wie Castiglione seinerzeit schrieb. Überrascht entdeckt man die zweifache Anlage Urbinos, seine Ausdehnung entlang sich kreuzender Längsstraßen und das sprossenartige Abfallen der Gebäude über die »Täler« und die abschüssigen Hänge. Einer der sorgfältigsten Interpreten dieser Stadt und der Landschaft in ihrer Umgebung ist André Suarès, den wir erwähnen müssen, weil die Art und Weise, wie er beschreibend einen Bildausschnitt entwirft, eine gute Schulung für unseren Blick ist. Unser Ausgangspunkt ist die berühmte Torricini-Fassade am Herzogspalast, die sich immer wieder im Hintergrund der Gemälde Federico Baroccis aus Urbino findet:

»Die hohen, bewundernswert schlanken Türme, die aus der Schlucht hervorkommen und die Insignien der Zeit in den Himmel heben, nehmen je nach Jahreszeit und Stunde das Aussehen von Granit oder von Kristall an, einen festeren oder einen unwirklicheren Ausdruck, die Wirkung einer Festung oder eines Minaretts aus einem trügerischen Orient. Die Schönheit des Herzogspalastes ist atemberaubend. Er ist ein Märchenschloß, könnte nicht nur aus Venedig, sondern eher noch aus Tausendundeinernacht stammen. Wenn man ihn von weitem betrachtet, von der Via dei Cappuccini aus, ob der Sonnenuntergang ihn nun wie Danae mit Goldstaub umgibt, oder ob schwarze Wolken wie tragische Wellen über die Türme treiben, der Palast ist ein Traum aus Stein, schwebend zwischen dem Himmel und dem hängenden Garten, der ihn mit eisernen Banden festhält.«

Der Herzogspalast hat ein unverwechselbares Aussehen und hinterläßt einen nachhaltigen Eindruck. Mit seiner fortschreitenden Aufstockung und selbst mit seiner horizontalen Ausdehnung dokumentiert er die Umwandlung der militärischen in die zivile Architektur, worin sich die beiden Seelen Federicos spiegeln, die des Kriegers und die des gelehrten Adligen. Aus dieser Verbindung entspringt der Geist Ariosts, der Symonds entzückte. Neu an der räumlichen Aufteilung dieses Bauwerkes ist, daß es sich wie ein Vieleck nach allen Seiten hin ausdehnt, also eine einzige, doch vielstimmige Sprache spricht, indem es sich den Veränderungen des Bodens und den Räumen, die die umgebende Landschaft öffnet, genau anpaßt. Der Teil, der auf die jetzige Piazza Federico geht, scheint den Besucher empfangen zu wollen, denn er bildet einen weiten, offenen, geometrisch gegliederten Platz, der in den herrlichen Ehrenhof mit seinen Piero della Francesca nachempfundenen Maßen führt. Die zum Tal hin gelegene sogenannte Fassade der Torricini ist zum Erkennungsmerkmal, ja zum Wahrzeichen Urbinos geworden, sie ist das Bild, mit dem es auftaucht und sich unauslöschlich dem Gedächtnis einprägt. Früher haben die Vedutenmaler Urbino von der Adriaseite aus gezeichnet und das Stadttor in den Bildausschnitt eingefügt, das noch heute Porta Lavagine heißt. Nach dem Bau des Palastes wird die Stadt ausschließlich von der Via di Urbania und vom pascolinisch anmutenden Hügel der Cappuccini aus gemalt. Zu dieser Perspektive gehören die hohen Bögen des Mercatale, der Valbona-Aufstieg, die steile Straße, die die beiden Hügel verbindet, und die Torricini-Fassade.

Die Ansichten des Herzogspalastes, die das Umland Urbinos bietet, und die Ausblicke, die dieser wiederum auf die steilen, mittelalterlichen Dörfer und die Kulisse der unberührten Landschaft eröffnet, zeigen uns, daß es der Stadtentwicklung Urbinos gelungen ist – ein seltenes Beispiel im heutigen Italien –, die umliegende Natur insgesamt zu respektieren und mit ihr ein dialogisches Verhältnis einzugehen. Denn nach Worten des aus Urbino stammenden Paolo Volponi ist die Stadt mit ihrer

Yosho Markino, *Palazzo Ducale*, 1911

Ansicht von Urbino, etwa 1900

Landschaft, wie Piero sie auf den *Trionfi* in den Uffizien ver-
ewigt hat, vor allem die Verwirklichung eines Traumes. Es ist
der Traum des neuen Menschen, der »sich aus der Plattheit der
Altarbilder von frommer Ergebenheit und Angst befreit hat,
der aus dem verworrenen Gehäuse des zum Schutz eng zu-
sammengepferchten Dorfes, das innen von den scharfen Kan-
ten und Türmen der Stände und der Parteien zerstört wird,
herausgekommen ist, und nun mit heiterem Selbstbewußtsein
das Land und den öffentlichen Platz betritt«. Es ist, was man

»in der geheimnisvollen Verbindung zwischen Mathematik und Malerei« in Piero della Francescas *Geißelung Christi* lesen kann, »dem einzigen italienischen Gemälde«, um es mit Suarès zu sagen, »das wir ohne Anstoß zu nehmen inmitten moderner Werke sehen könnten«.

Siena und der Re-di-Cofani

Jahrhundertelang fiel die Hauptstraße Sienas mit dem Abschnitt der Via Cassia oder Via Francesca zusammen, der die Stadt durchquert. Es handelt sich dabei um ein charakteristisches Merkmal Sienas, das für viele Reisende zum unverwechselbaren Kennzeichen der Stadt wurde. Wäre da nicht die Reihe beschwerlicher Etappen gewesen, die den Wanderer auf der Weiterreise erwarteten – oder die er gerade hinter sich gelassen hatte –, hätte man die Stadt von einem Tor zum anderen ohne die geringste Abweichung von der gewohnten Strecke geradewegs durchqueren können. So ist es aber gerade diese Art Wirbelsäule des Stadtzentrums, an der seit dem Mittelalter Herbergen, Gasthäuser und Hotels mit vielversprechenden Namen und grellfarbigen Schildern aus dem Boden schossen.

Die Tatsache, daß die Trasse durch das Stadtzentrum Sienas mit dem entsprechenden Abschnitt der Via Francesca oder Francigena – der wichtigsten Verbindungsstraße von Italien nach Frankreich und in den Norden – identisch ist, hat dieser Stadt einen Platz auf der Straße der Geschichte gesichert. Wenn man sich ihr nähert oder Abschied von ihr nimmt, um einen der ältesten und befahrensten Reisewege Europas einzuschlagen, genügt es, daran zu erinnern, daß Siena in den wichtigsten *libri indulgentiarum* – oder Führern für Pilgerreisen –, in den Büchern mit Wegbeschreibungen für Händler und Diplomaten und schließlich in den Berichten der wichtigsten Vertreter der *Grand Tour* durch Europa immer wieder als eine obligatorische Etappe erwähnt wird.

Wer mit den Berichten über Italienreisen einigermaßen vertraut ist, wird bemerken, wie oberflächlich und eilig die Reisenden den von Städtchen und Dörfern gesäumten Streckenabschnitt zwischen Florenz und Siena beschreiben, und wie ausführlich dagegen ihre Erzählungen über die gefährlichen Etappen der Reise ausfallen, die hinter Siena in Richtung auf Viterbo und Rom folgen. In allen bekannten Berichten über Reisewege durch Italien spielt Siena eine recht außergewöhnliche Rolle, denn es erscheint als letzter Ausläufer der Zivilisation, von dem aus man auf die Fäulnis der Maremma-Sümpfe, auf die Mondlandschaft in den Bergen von Radicofani, auf das pittoreske, aber unberechenbare Binnengewässer bei Bolsena und noch weiter südlich bis zu den Ausläufern der römischen Campagna blickt, in Richtung Viterbo, der einzigen Ortschaft von einer gewissen Größe auf der Straße nach Rom, hundert Meilen von der toskanischen Stadt entfernt. In einem Land wie Italien, das mit Städten und kleineren Ortschaften sehr gut bestückt ist, unterscheidet sich der Streckenabschnitt von Radicofani kaum von dem der Alpen, was die Einsamkeit und Schaurigkeit der Naturszenerie betrifft. Und so übt man sich in der Erzählkunst, stets sind es lebhafte und farbige Berichte mit pittoresken und anekdotischen Einsprengseln – von John Evelyn über Volkmann bis zu Madame du Boccage –, die die Veränderungen in der Landschaft, ihren Übergang von der Dürre des kreidehaltigen Bodens in das pittoreske Erscheinungsbild uralter Wälder und die düsteren Höhlen des Tuffgesteins festhalten, als wollten sie auf den Seiten ihres Tagebuches eine drohende, unbekannte Gefahr vertreiben.

Siena erscheint über Jahrhunderte – und diese Besonderheit seiner Lage ist noch heute wahrnehmbar – wie zwischen zwei grundverschiedenen Welten schwebend. Diese Zwischenstellung hat seine besonders auffälligen, unverwechselbaren Merkmale noch stärker hervortreten lassen. Sie erscheinen schon in einer der ersten und originellsten Beschreibungen der Anlage der Stadt, der Gesamtansicht, die der große Reisende Fynes Moryson gibt, als er im Jahre 1593 durch Siena reist:

>Überaus lieblich wirkt die Lage Sienas, das auf einem hohen Hügel liegt und in seiner Form einer Amphore aus Ton nicht unähnlich ist, unten breit und schmal am Hals, wobei dieser

schmale Teil aus dem nach Westen hin gelegenen Stadtbezirk besteht, den man, von Florenz her kommend, durch die Porta Camollia betritt. In dem Teil, der nach Osten zugeht, ist die Stadt ausgedehnter, und von diesem Bezirk aus kann man das Kastell von Radicofani erblicken, das vierzig Meilen entfernt liegt.«

Wie man bereits an Morysons Beschreibung sieht, wurde der eigentümliche Charakter Sienas früher nicht so aufgefaßt, wie wir diese Stadt heute wahrnehmen. Ihr geschlossenes gotisches Erscheinungsbild hat mehr als einen Reisenden des achtzehnten Jahrhunderts dazu bewogen, im Zuge des Addisonschen Klassizismus von deutscher oder »barbarischer« Kunst zu sprechen. In einem Zeitalter, das, wie die Blütezeit der *Grand Tour*, größtenteils mit einer an klassizistischen Mustern orientierten Ästhetik zusammenfällt, von der die Begegnung sowohl mit dem Stadtbild als auch mit der Aussicht auf die umliegende Landschaft gelenkt wird, gilt die gotische Architektur Sienas durchaus nicht als Vorzug oder als Zeichen von Vornehmheit. Und so schieben sich eine Reihe von symbolischen Bildern vor die Stadt, die nur wenig mit der tatsächlichen Wirklichkeit des Ortes gemein haben, eine Art Metalektüre anhand des Kartenstudiums, eine Beschreibung der Beschreibung, wie bei Moryson, dessen Schilderung aller Wahrscheinlichkeit nach von der kartographischen Stadtansicht Sienas inspiriert war, die Francesco Vanni ausgeführt hatte. Daher rührt auch die Schwärmerei für ausgesuchte Merkmale, die besonders typisch, originell, bizarr, vielleicht sogar befremdlich sind. Dies sind die Kennzeichen der Stadt, die besonders faszinieren, wie der bemalte Fußboden des Domes, der weniger um seiner tatsächlichen Schönheit willen gepriesen wird, als wegen seiner Aura eines Wunders, das sich unter den Dielen dem Blick des Besuchers allmählich enthüllt. Kennzeichen, die einer grotesken Komponente nicht entbehren, wie die Reihe von Papsthäuptern im Dom; Kennzeichen, die von der traditionellen *pietas* zeugen, wie das berühmte Pilgerhospiz, bekannt als das Krankenhaus Santa Maria della Scala. Das einprägsamste Kennzeichen jedoch ist, bei all seiner Verschwommenheit, das stets mit dem Wasser verbundene Bild des großen Platzes – des »Campo« –, der entweder mit der Vorstellung einer Muschel oder hohlen Muschelschale verglichen wird, »die Muschel der Aphrodite oder das Weihwasserbecken Marias«, »das brennende und unberührte Geschlecht der anbetungswürdigen Stadt«, um noch einmal Suarès zu zitieren; oder mit einem Wasserspeicher zum Schutz vor plötzlichen Bränden; oder der schließlich einem Becken für die Aufführung von Seeschlachten zu ähneln scheint! Auf dem Höhepunkt dieses Stadtrundgangs der Einbildungskraft, in dem sich ein sehr genaues, wenngleich unbewußtes Gespür für die Originalität des Ortes ausdrückt, das jedoch nicht zu Lasten eines angemessenen Verständnisses gehen darf, stoßen wir auf die Definition von Dickens, derzufolge Siena eine Art Venedig ist, *»aber ohne das Wasser«*. Eine Definition, die – zum ersten Mal – versucht, die Betonung auf das stilistisch einheitliche und ausgeprägt individuelle Gesicht der Stadt zu legen: sie ist wie Venedig, aber ohne den Filter des Wassers, der ihr blendendes Licht dämpft.

Ein offenkundiges Paradox beherrscht die Sichtweise der unzähligen durchreisenden Besucher auf Siena. Lange bevor man die eigentliche, wirkliche Physiognomie der Stadt zu schätzen lernt, wird nämlich schon ihr außergewöhnliches Erscheinungsbild wahrgenommen. Dies ist der Grund, warum die imaginären Töne, mit denen die Grenzen einer realitätsgetreuen Beschreibung Sienas so häufig überschritten werden, nicht nur aus den bereits erwähnten Kategorien des Befremdlichen, Bizarren oder Wundersamen herrühren, sondern sich darüber hinaus auch an der intensiven Farbigkeit, den roten Türmen, dem »zebragestreiften« Dom, den Ziegelsteinen, denen ein Reisender den Glanz des Porphyrs verlieh, an den bronzenen und vergoldeten Wölfinnen auf Säulen aus Ophitmarmor inspirieren... Es scheint sich also auch noch bei diesen Beschreibungen der Stadt um eine vom verführerischen Zauber ihrer Fresken oder der Vielfarbigkeit ihrer Marmorwerke hervorgerufene Vision zu handeln.

Die Entdeckung der »Primitiven«, die unter anderem auf Ruskin, Burne-Jones und Fairfax-Murray zurückgeht, sowie die Neubewertung der gotischen Architektur erlauben eine einheitliche Lesart des einzigartigen sienesischen Stils. Doch noch immer klingen auch die früheren, aufdringlichen Töne der Verführung nach, wenn plötzlich in Momenten, da man es am wenigsten vermutet, der Geist des Ortes beschworen wird, jener *genius loci,* den eine schöne Stelle bei Arthur Symons einfängt, bei der die Beschreibung des Stadtbildes und die anthropologische Analyse der Stadt eine vollkommene Verbindung eingehen:

> »Die Felder erstrecken sich bis an die Stadttore Sienas, dann werden sie abgewiesen; die alten Stadtmauern wirken wie ein Bollwerk, und innerhalb des Mauerrings klettern die Häuser an steilen Straßen empor, häufen sich übereinander oder besser, drängen sich um den Dom herum so eng aneinander, bis ihre Dächer und Mauern mit seinem Gemäuer verschmelzen... Diese Konzentration der Stadt auf sich selbst, diese eingezwängten Gäßchen, die sich umeinander winden, sich mehrmals schneiden und steil ansteigen, um den Weg abzukürzen, diese vollkommene Abkehr von allem, was sich außerhalb der Mauern befindet, die die Stadtgrenze kennzeichnen, müssen zweifellos die Entfaltung jener Veranlagung gefördert haben, aus der Siena entstanden ist, den Hang zur hochmütigen Zurückhaltung. Diese Stadt wirkt wie ein kleines China, wo die Stadtmauern die Grenzen dessen abstecken, was sie den Fremden preisgeben will.«

»Der Ausblick durch den Torbogen, durch welchen man Siena in Richtung Viterbo verläßt, ist romantisch und gleichzeitig pittoresk; ansonsten, und über eine nicht eben kurze Strecke, zeigt das Land ein ödes Aussehen.« Mit diesen Worten schlägt der romantische Essayist William Hazlitt hinter der Porta Romana einen Weg ein, der – ein einzigartiger Fall – das Glück hat, sich dem heutigen Reisenden in fast genau derselben Gestalt präsentieren zu können wie den Touristen vergangener Jahrhunderte. Wir haben uns unter tausend anderen Wande-

Piazza del Campo. Anonymer Stich, 1. Hälfte 19. Jh.

rern, die diesen Weg gegangen sind und ausführliche Schilderungen darüber hinterlassen haben, für Hazlitt als Führer auf
dieser Reisestrecke entschieden. Er fängt in einer unvergleich-
lich modernen, polyphonen Weise ein, was ihm die Stimmen eines Ortes, die unsichtbar anwesenden Zeugen, die mit entfernten Zitaten vermischten Echos zuflüstern. Die Reisenden
in Richtung Rom hatten weder Zeit noch Lust, Abstecher zu
den Klöstern und Städten auf den Hügeln zu machen, die man
von diesem Weg aus an der Grenze zur herrlichen Landschaft
der Kreidefelsen, beschirmt vom Blau des Amiata-Massivs, sehen konnte: Ein Umweg zur Abtei des Monte Oliveto, eingeschlossen in einem heiligen Zypressenhain, konnte sie ebensowenig locken wie ein Abstecher zu den luftigen Höhen von
Montalcino oder in die Ortschaft Corsignano, die Rossellino in
die ideale Stadt Pienza verwandelte. Von San Quirico d'Orcia
mit seinen päpstlichen Gärten streifte der Reisende eben gerade die Stadtmauern. Hinter Buonconvento wechselte er die
Pferde und ruhte sich in der Herberge La Scala aus, bevor es
an den langen Aufstieg nach Radicofani ging. Der Reisende

47

von heute jedoch, für den der Sinn des Reisens oft gerade im Abweichen liegt, wird diese Orte besuchen, einschließlich der dampfenden Piazza von Bagno Vignoni, wo die Pilger ihre müden Füße ausstreckten, oft in Begleitung von weniger eiligen Reisenden, Ästheten wie J.A.Symonds oder Malern wie Walter Tyndale.

Die Landschaft, die den Reisenden auf der Strecke nach La Scala erwartet, ist sehr geschickt von Hazlitt beschrieben worden:

»In der Ferne erblickt man zur Linken wie zur Rechten die erhabenen Überreste der alten etruskischen Städte, als Krönung der Anhöhen und zu Verteidigungszwecken erbaut; und hier und dort auf dem Gipfel irgendeines Hügels hingekauert sieht man den verfallenen Unterschlupf eines Straßenräubers (die Geißel jüngst vergangener Zeiten), der in der Phantasie mit einem alten, blinden Drachen verglichen werden kann, der immer noch die schon lange verlorene Beute jagt und jetzt selbst mit der trostlosen Ödnis leben muß, die zu schaffen er mitgeholfen hat. Es gibt zwei solcher Räubernester in der Nähe der Herberge La Scala, die sich in menschenleerer Schauerlichkeit in gleicher Höhe auf zwei einander gegenüberliegenden Hügeln erheben, nur von einem Sturzbach getrennt, der jeder Beschreibung spottet und die kühnsten Pinselstriche des Künstlers erfordern würde. In der Finsternis ringsumher sehen diese Räuberhöhlen aus, als wären sie in ein Schweißtuch aus Nebelschwaden gehüllt; mit Hilfe der Dunkelheit werfen sie den Geist wie unter Hypnose in die Vergangenheit zurück, und aus den verfallenen Mauern vernimmt man den Lärm des mitternächtlichen Räubergelages, des mitternächtlichen Verbrechens.«

Die nächste Poststation auf unserem Weg ist das berühmtberüchtigte Radicofani, die düstere Unterkunft von Ghino di Tacco und dem scherzhaften »Re-di-Cofani« Sternes und Horace Walpoles, der sich vorstellte, dieser Re-di-Cofani, dieser König der Truhen wäre einer der Heiligen Drei Könige mit Kisten voller Gold, Weihrauch und Myrrhe. Müßten wir einen Index der meistbeschriebenen Stätten der Italienreise aufstellen, würde diese abgelegene Burg jede Stadt mittlerer Größe weit hinter sich lassen. Die Epitheta, mit denen sie bedacht wird, sind so zahlreich und bunt, daß sie die trostlose Verlassenheit des Ortes am Ende legendär und seltsam anziehend machen. Lesen wir die Beschreibung Hazlitts, die zwar nicht so schwärmerisch ist wie die eines William Beckford oder einer Lady Blessington, aber größere Aufmerksamkeit darauf verwendet, den Nachhall einer untergegangenen Welt einzufangen:

»Während des langen, gewundenen, ermüdenden Aufstiegs zum Gipfel erscheint mehrmals die große Ruine, die sich auf der Spitze des Berges [von Radicofani] befindet, um sich den Blicken dann wieder zu entziehen. Über einem schrecklichen, weiten Tal zur Linken erblickten wir in der Ferne die schneebedeckten und von Wolken verdunkelten Hügel von Perugia, während ringsum ein eisiger Regen fiel. Als man uns sagte, daß die Herberge der Poststation sich auf der anderen Seite der Festung befinde, und daß wir dort die Nacht verbringen müßten, fuhr uns der Schreck in die Glieder. Es war, als würde man in einer Wolke einquartiert: dieser Ort schien just der Ursprung all der Stürme und Regenschauer zu sein. Als wir am Fuße der Burg ankamen, wurden wir von unserer Angst erlöst. Es handelte sich um eine mit allergrößter Kraft erbaute Festung, und man hätte ihr wohl zutrauen können, die Welt dort unten herauszufordern und allen, die sich in ihrer Nähe befanden, eine sichere Unterkunft zu geben. Niemals zuvor habe ich etwas so Schroffes und Imposantes gesehen, etwas so Wunderbares aus früheren Zeiten, das heute so vernachlässigt wird. Es war der majestätische Schatten einer mächtigen Vergangenheit, in anderen Gefilden schwebend, anderen Zeiten angehörend. Ich hätte mich von diesem Ort mit den Worten des alten Burnet verabschieden können, dessen Latein zwischen den eiskalten Bergen widerhallt: *Vale augusta sedes, digna rege; vale augusta rupes, semper mihi memoranda.*«

Atmosphärisch dicht und lebendig ist die Beschreibung der Burg von Radicofani, die uns der junge Ruskin hinterließ:

»Stürmischer Tagesanbruch auf Radicofani; ein schrecklicher Wind und dunkle, drohende Wolken, die das Licht zerteilen. Als wir aufbrachen, herrschte eisige Kälte, und der Wind war schneidend wie eine Rasierklinge. Die große Herberge, mit der doppelten Bogenreihe an ihrer Frontseite, wirkte schaurig im Morgenlicht. Wir fuhren in die Ebene hinab, einen Hügel hinunter, so entsetzlich, wie ich, soweit ich zurückdenken kann, noch keinen mit der Kutsche befahren habe, ein einziges Hinauf und Hinab, Hals über Kopf die Abhänge hinunterstolpernd, nur um das Vergnügen zu haben, sie von neuem über scharfe und an jedem Bergkamm sehr gefährliche Kurven zu erklimmen. Wir fuhren dann auf einer Straße weiter, die notdürftig durch ein enges, vom Fluß verwüstetes Tal gezogen war. Ein schrecklicher Aufstieg führte uns nach Acquapendente; die Stadt liegt prächtig auf dem Gipfel des Berges. Doch die eiligen Postkutscher rasten in vollem Lauf an ihr vorbei, bevor ich einen genaueren Eindruck von ihr gewinnen konnte.«

Nach Acquapendente wird die pittoreske Landschaft zum beherrschenden Merkmal der Gegend. Hören wir zum Beispiel William Beckford, der uns im Jahre 1780 die Ufer des Bolsener Sees beschreibt:

»Das Land wird immer pittoresker. Die nächste Poststation, San Lorenzo, auf einem Hügel erbaut, überragt den Bolsener See, an dessen waldbestandenen Ufern sich verfallene Gebäude verbergen. An einigen von ihnen kamen wir in einem abgeschiedenen kleinen Tal vorbei. Hier spannten sich Bögen von Felsen zu Felsen und unter uns lagen im Gebüsch versteckte Höhlen; überall erhoben sich morsche Fialen, gekrönt von abgebrochenen Türmen: eine der typischen Szenerien, die Poelemburgh und Pieter van Laer in ihre Gemälde aufnehmen.«

Auf Beckford antwortet Jahre später der Architekt Joseph Woods, der bezüglich des Pittoresken aus aktuellen Quellen zitiert:

W. Leitch, *Radicofani von der Herberge in Posta aus gesehen*, 1830

»Die Landschaft ist angenehm, das Land steigt langsam über
mehrere Meilen hin an, bis es den höchsten Punkt des Hügels
über dem Bolsener See erreicht, eine grandiose Wasserfläche
mit einem Umkreis von dreißig Meilen, umgeben von bewal-
deten Hügeln, hier und da mit Burgen durchsetzt. Auf der

51

Fahrt nach Süden wird das Naturschauspiel ergreifend schön, die Straße führt zwischen herrlichen Bäumen hindurch, und das verfallene, wegen der Malaria verlassene Dorf San Lorenzo, das sich an einen hervorspringenden Felsblock klammert, stellte die Quintessenz des Pittoresken dar. Das Städtchen Bolsena, ein wenig weiter, stand dem in nichts nach. Der Anblick war von außergewöhnlicher Schönheit, er hatte jenen Anflug des Rauhen und Pittoresken, der jede Vorstellung von Ebenmaß auslöscht und der, wie Uvedale Price sagt, ein Teil des Schönen selbst ist.«

Nachdem die Anhöhe bei Montefiascone überwunden ist, wo die von unzähligen Rompilgern sehr geschätzte Kirche San Flaviano mit dem Grab des Abtes Fugger, eines großen Weinkenners, steht, geht es durch eine abwechslungsreiche, schöne Naturszenerie nach Süden in Richtung Viterbo.

In der Tradition der Italienreise wird Viterbo fast immer auf einen untergeordneten Rang verbannt, den einer Stadt, in der man übernachtet, ohne sich jedoch lange dort aufzuhalten. Es bleibt gerade genug Zeit, damit die besonders Neugierigen sich die *Pietà* von Sebastiano del Piombo und die Anhänger der Naturphilosophie das Gebrodel des Bulicame anschauen können, mehr nicht. Der romantische Reisende hat eine verworrene Anschauung von der Einzigartigkeit und Geschlossenheit des architektonischen Erscheinungsbildes von Viterbo. Ein Beispiel dafür ist der Franzose Philippe Petit-Radel, der 1812 schreibt:

»Zu Füßen des Cimino gelegen, wird Viterbo von Mauern und Wachtürmen umgeben... Die öffentlichen Gebäude und die privaten Wohnhäuser bestehen aus Tuffstein, und einige der letzteren sind mit Skulpturen und Basreliefs dekoriert. Jedoch verleihen die dunkle Patina des Tuffsteins und die schwärzliche Farbe von Türen und Fenstern dem Ganzen ein trübseliges Aussehen. Viele prächtige Gebäude weisen an ihren Fassaden Spuren des Verfalls auf, der das spätrömische Kaiserreich kennzeichnete...«

P. Noel Boxer, *Palazzo degli Alessandri in Viterbo*, 1912

Und im Jahre 1837 heißt es bezeichnenderweise bei Eugène Viollet-Le-Duc: »Wir brechen um vier Uhr morgens auf: schöne Straße; Viterbo: anmutiger Brunnen, anmutige Häuser mit einer Menge sonderbarer Details, schöne gotische Kirche, leider müssen wir weiter...« Aus dem 1884 erschienenen Führer von Hare spricht dann schon der neue Blick auf die alten Gemeindestädte: »Jede Straße Viterbos bietet eine Gelegenheit zum Studium plastischer Gebäudedekorationen, gotischer Fenster, schwerer, von mächtigen Sockeln getragener Außentreppen, gotischer Brunnen, geschnitzter Löwen und anderer Ungeheuer ...« An der Schwelle zum neuen Jahrhundert hatte der Reisende also den Anblick einer mittelalterlichen Stadt vor sich, die mit der Restaurierung ganzer Viertel – besonders des berühmten von Pellegrino – und einzelner Häuser beschäftigt war. Die Fülle an Abhandlungen zur lokalen Geschichte und an Stadtführern für die Fremden läßt auf eine gewisse Kontinuität des Besucherstromes schließen. Jeder dieser Besucher zeigt sich in seinen Bemerkungen erstaunt über eine Stadt, die ohne wesentliche Veränderungen aus einem jahrhundertelangen Schlaf erwacht ist. Anhand ihrer Berichte können wir einen schicksalhaften Moment der Geschichte Viterbos und ein nicht unbedeutendes Mosaikstück seiner Identität beleuchten. Ein Amerikaner, Egerton R. Williams, schreibt im Jahre 1903, daß Viterbo im Gegensatz zu vielen italienischen und europäischen Städten, die derzeit ihre alten Stadtmauern abreißen, um Platz für Straßen und Alleen zu schaffen, dem Touristen noch den Anblick gut erhaltener mittelalterlicher Gebäude und Stadtmauern bietet. Der Franzose André Maurel bemerkt hingegen zur selben Zeit die Metamorphose einer Stadt, die ihr Erscheinungsbild gründlich erneuern möchte: »Ich denke an den Liebreiz, den dieses elegante mittelalterliche Wohnhaus eines Tages haben wird, vor allem wegen seiner Loggia mit den schlanken Säulen, die auf das Land hinaus blickt ...« Viterbo gehört zu den wenigen Städten Italiens, die es verstanden haben, zu einer Neuentdeckung zu werden, und sie wurde von ihren frühen Liebhabern als einer der beeindruckendsten unter diesen neu zu entdeckenden Orten gepriesen.

Hatte man Viterbo hinter sich gelassen, war die nächste obligatorische Poststation für den Reisenden Ronciglione, »ein Städtchen, romantisch am Rande einer tiefen Schlucht gelegen, in deren steilen Wänden sich viele Höhlen auftun«, wie der

P. Noel Boxer, *Der Palast der Päpste in Viterbo*, 1912

Etruskologe Dennis anmerkt. Gewöhnlich wurde hier im Gasthaus haltgemacht, um vor dem letzten Streckenabschnitt Kräfte
zu sammeln. Dickens spricht in überaus abfälligen Worten von
dem Ort, doch wurde dieser entscheidenden Etappe der Sie-
neser Strecke im 17. und 18. Jahrhundert auf Gemälden von
Van Wittel, Hubert Robert und Fragonard durchaus Tribut ge-
zollt. Es fehlt auch nicht an Reisenden, die – wie der Abt von

G. K. Prenner, *Der Palazzo Farnese in Caprarola,* 1748

Saint-Non, begleitet vom treuen Fragonard – die Nähe zum
benachbarten Caprarola nutzen, und zu einem Besuch des Palazzo Farnese aufbrechen: »Da das Schloß von Caprarola nur
drei Meilen entfernt liegt, nahmen wir Reitpferde, um dorthin
zu gelangen, denn die Fahrstraße ist äußerst schwierig und viel
länger. Das Schloß ist sehr berühmt und gilt als eines der
schönsten Werke Vignolas; die Architektur des Äußeren ist geschickt angelegt und gewaltig, und vor allem der Innenhof ist
bemerkenswert, ebenso die Freitreppe... Die Gärten sind ver-
wahrlost.« Die meisten Reisenden jedoch setzen ihre Fahrt
nach Rom über die Poststationen von Baccano und La Storta
fort.

Hätte man doch öfter Reisegefährten wie Camillo Boito zur Seite, diesen unruhigen, ironischen Geist, der dich lehrt, die Landschaft zu würdigen, und dir die langen Stunden verkürzt, die man früher in der Kutsche und heute im Stau auf der Autobahn verbringt! Ebenso unterhaltsam wäre es, könnte man von Zeit zu Zeit so geistreichen Besuchern wie Lady Morgan, einer unermüdlichen Reisenden, und ihren bissigen Bemerkungen über Orte, Menschen und Sitten zuhören. Diesen doppelten Glücksfall bietet uns eine Strecke, die von Rom aus – laut Führer von der Porta del Popolo aus, doch wir beginnen unsere imaginäre Reise weit hinter der schicksalsträchtigen Brücke Ponte Milvio, hinter Prima Porta – durch einen großen Teil Umbriens bis an die Grenze zu den Marken führt. Eine Route voll beeindruckender Sehenswürdigkeiten und vielfältiger Attraktionen – die Straße der Gewässer, die Straße der Rompilger, die Straße der Burgen –, die mit einem der meistbefahrenen Streckenabschnitte der *Grand Tour* zusammenfällt. In der langen Tradition der »Italienischen Reise« war es üblich, daß der Fremde, den der Weg über Siena nach Rom geführt hatte, nach Beendigung seines Romaufenthaltes mit dem üblichen Zusatz, einem Ausflug nach Süditalien, über eine alternative Route nach Norden zurückfuhr. Die Straße führte nach Foligno und Ancona und sollte ihn über eine ganze Reihe unterschiedlichster *mirabilia* der klassischen Antike und der Natur bis an die Adriaküste bringen. Heute ist der Weg der Rompilger breiter und gerader als vor einem Jahrhundert. Er hat in seiner ganzen Geschichte den alten Straßenverlauf zwar überlagert, aber nie ganz ausgelöscht, und bietet noch heute unvergleichliche Ausblicke. Der erste Streckenabschnitt, der sich mitten durch die Campagna zieht, läßt dem Reisenden die Wahl zwischen zwei möglichen Wegen: dem, den er schon in umgekehrter Richtung befuhr, das letzte Stück der Straße aus Siena, das an La Storta, Baccano, Monterosi vorbeiführt, um dann über Nepi in Civita Castellana zu enden; oder dem häufiger benutzten, der über Prima Porta, Borghettaccio und Rignano ebenfalls nach Civita Castellana führt. Camillo Boito, der um die Mitte des 19. Jahrhunderts übermütig zu Fuß aus Rom aufbrach wie der tapfere Seume des *Spaziergangs nach Syrakus im Jahre 1802*, um sich bei den ersten Regentropfen in die Postkutsche zu flüchten, gibt uns eine köstliche Beschreibung der Poststationen und Herbergen, in denen er Halt macht, beginnend bei den Aufenthalten in Baccano und Civita Castellana. Die nächste Poststation hinter Civita Castellana ist Borghetto, »ein Dörfchen ohne Wirtshaus, so knausrig ist es«, und danach Otricoli, wo Boito ein Grußwort zur Lage und Geschichte des Ortes ausruft, das Heine zu seinen Vorläufern und Gadda zu seinen Nachfolgern zählen darf:

> »Ach, wer verleiht mir die Feder meines einstigen Lehrers! Ach, wer lehrt mich die wohlklingenden Weisheiten der Rhetorik, worin Italien Meister ist! Ach, wer hilft mir, eine würdige Abhandlung zu entwerfen: über den Tiber, der vor Magliano vorbeifließt; über den Berg Soracte, auf dessen Gipfel sich einst ein Apollotempel erhob; über den heiligen Wald der Göttin Feronia; über die etruskischen Ruinen, über die im ganzen Land verteilten römischen Ruinen; über das Kloster von San Silvestro, das vom Bruder Pippins des Kurzen gegründet wurde (das alte Kloster inmitten einer Beschreibung klassischer Altertümer kann zum Vorwand für zehn wunderbare Antithesen werden); über die alte Stadt Umbriens, *Otriculum*, aus der die Römer ein Munizipium machten; über die Statuen, die aus den Eingeweiden jener Erde aufgetaucht sind, die unser Rappe gerade mit seinen eisenbeschlagenen Hufen tritt, und die sich jetzt in den Vatikanischen und Kapitolinischen Museen sehr gut ausnehmen!«

Und da der romantische Reisende, anders als sein Vorgänger aus dem Zeitalter der Aufklärung, besonders empfindlich auf

Samuel Prout, *Die Augustusbrücke in Narni*, 1830

die Unbilden der Reisewirklichkeit reagierte, die ihm Anlaß zu
Klagen oder ironischen Bemerkungen gab oder ihn zu aben-
teuerlichen Phantasien inspirierte, überrascht die gegenteilige
Äußerung nicht, die unser Führer sofort nach dieser Beschreibung folgen läßt: »*Otriculum*, was ist aus dir geworden! Deine
Hütten sind erbärmlich; der Schlamm auf deinen Straßen ver-
spritzt schwärzlichen Kot und gibt nach, um Menschen und
Pferde bis zu den Knien darin versinken zu lassen.« In dieser
ironischen Bemerkung wird nicht nur das armselige Schicksal
Otricolis lächerlich gemacht, der Spott gilt auch dem beliebten
Muster der zutiefst romantischen Vorliebe für Situationen, in
denen keine einzige Erwartung sich erfüllt. Narni ist ein vor-
geschriebener Halt für diejenigen, die für das »Land der Klassik« schwärmen. Wer wird nicht anhalten, um die Überreste
der Brücke des Augustus zu besichtigen, »deren Bögen fast bis
zur Mitte des Tibers noch stehen«, wie Henry James beobach-
tet? Es wäre daher schwierig, all die Maler und Landschafts-
zeichner aufzuzählen, von John Warwick Smith bis Camille
Corot, die dem Ort Skizzen und ausgeführte Gemälde gewid-

met haben. Terni, die nächste obligatorische Etappe auf dem Weg, war einst berühmt für seine bezaubernde, arkadische Umgebung, vom Dorf Papigno, das Samuel Palmer zu einigen Aquarellen inspirierte, bis zum See von Piediluco. Berühmt bleibt es auf jeden Fall als der Ort, von dem aus man zu einem der Wunder der Italienreise abzweigt: dem von zahllosen Schriftstellern und Dichtern beschriebenen und besungenen, von Hunderten von Malern abgebildeten Wasserfall: der Cascata delle Marmore. Unser Führer allerdings bemerkt mit einer gewissen Überheblichkeit: »Wir kamen um neun Uhr abends in Terni an; und am nächsten Morgen ... reiste man weiter, ohne die Cascata delle Marmore besichtigt zu haben, da die Sturzbäche aus dem Himmel uns vollauf genügten.« Der weitaus sorgfältigere Stendhal behandelt den Besuch der Wasserfälle in dem Bericht über eine seiner Reiserouten, den er eigens für nach Italien reisende Verwandte und Freunde schrieb: »In Rom nimmt man eine Postkutsche nach Ancona und vereinbart einen dreistündigen Aufenthalt in Terni, damit dort der schönste Wasserfall der Welt besichtigt werden kann. Man sollte ihn von oben, von unten und von der Mitte aus betrachten; es wurden Pfade für den Kaiser von Österreich angelegt.« Der Wasserfall ist seit langer Zeit berühmt. Schon 1662 schrieb Salvator Rosa: »In Terni, also vier Meilen von der Straße entfernt, sah ich den berühmten Wasserfall des Velino, des Flusses aus Rieti, ein Anblick, der noch den unersättlichsten Geist aufwühlt mit seiner schrecklichen Schönheit, denn man sieht einen Fluß, der von einem Berg über eine halbe Meile tief in eine Schlucht hinunterstürzt und eine ebenso hohe Gischtwolke aufwirbelt...« Im Jahre 1701 findet Addison ihn »wunderbarer als alle Wasserspiele von Versailles zusammen«, und am Ende des Jahrhunderts zählt Kotzebue ihn zu den Wundern Italiens: »Der rauchende Vesuv, das wiederauferstandene Pompeij, der Regenbogen der Cascata delle Marmore sind allein schon eine Reise nach Italien wert, und verdienen es, daß man aus allen erdenklichen Teilen der Welt hierher zurückkehrt.«

Samuel Prout, *Die Cascata delle Marmore bei Terni*, 1830

Mehr Raum gebührt natürlich Lord Byron, einem ausgezeichneten Führer, der den Wasserfall unter Einsatz seines ganzen Repertoires an Metaphern und wirkungsvollen melodramatischen Vergleichen beschreibt. Die hochtönenden Byronschen Verse fassen eine lange Tradition literarischer Landschaftsschilderung zusammen. Das zeigt das Epitheton des »schrecklich schönen« Wasserfalls, in dem die »schreckliche Schönheit« Salvator Rosas und der »Genuß voller Schrecken« Piranesis – also die Traditionen der »anmutigen Wildheit« und des unzivilisierten, verstörenden Pittoresken aus dem 17. und 18. Jahrhundert – miteinander verbunden und im Licht der Abhandlung Edmund Burkes über das Erhabene neu verwendet werden. Die Cascata delle Marmore bietet dem Geist des Dichters – wie jede andere großartige und außergewöhnliche Landschaft – eine Gelegenheit, sich mit dem übermächtigen, drohenden Angesicht der Natur zu messen und so das Gefühl menschlicher Hinfälligkeit auszudrücken. Die Idee der Erhabenheit der Natur beruht auf dem Gegensatz zwischen dem ursprünglichen Anblick einer ungestüm im Werden begriffenen Welt und »der ruhigen, geregelten Anordnung aller vom Menschen geschaffenen Dinge«. Und es ist typisch für Byron und jeden romantischen Dichter, daß er sich in diesen Naturmetaphern und -gleichnissen wiedererkennt, denn mit diesen Naturgesetzen wird der dichterische Akt verglichen, er ist Ausdruck, oder besser Ausbruch eines poetischen Ichs, das nach Befreiung drängt und aus sich allein eine Welt formen möchte. Eindringliches Sinnbild für dieses Gefühl ist der Wasserfall des Velino, denn er wurde »herausgerissen aus dem Schoß des Berges / Für die schmerzhafte Geburt einer neuen Welt...« Die Strophen über die Cascata delle Marmore sind eines der dramatischsten Beispiele, doch zweifellos besonders typisch für die neue Beziehung, die Dichter und Reisende in der Romantik mit der Landschaft eingehen. Es ist ein dialektisches Verhältnis, bei dem es eher darauf ankommt, das eigene Gefühl und die natürliche Umgebung aufeinander wirken zu lassen, als sie mit einer von der Vernunft gemäßigten Beschreibung wiederzugeben.

Doch weil Byron, bevor er das Wasser besang, »das über große Steine lärmt und fällt«, den Ort sorgfältig besichtigte, halten wir uns an seine nicht weniger wirkungsvollen Aufzeichnungen in Prosa, die sich ausdrücklich an den Reisenden wenden, der auf den Spuren der Abenteuer in Versen von Byrons *Childe Harold* wandelt.

»Zweimal, zu unterschiedlichen Zeiten, habe ich mir die Cascata delle Marmore in Terni angesehen; einmal vom Rand der Schlucht aus, ein anderes Mal von unten aus dem Tal. Dieser letzte Anblick ist unbedingt vorzuziehen, falls der Reisende keine Zeit hat, den Wasserfall von beiden Punkten aus zu besichtigen; aber ob nun in der einen oder anderen Weise, von oben oder von unten betrachtet: dieses Schauspiel ist weitaus majestätischer als alle Wasserfälle oder Sturzbäche der Schweiz zusammen; der Staubbach, der Reichenbach, der Pissevache, der Gießbach usw. sind Bächlein im Vergleich zu diesem. Was den Rheinfall bei Schaffhausen betrifft, kann ich nichts darüber sagen, weil ich ihn noch nicht gesehen habe. Der Wasserfall gleicht so sehr dem, was man sich unter einer Wasserhölle vorstellt, daß Addison annahm, der See ohne Grund, durch den Aletto sich in die Unterwelt stürzte, sei eine Anspielung auf dieses Gewässer. Es ist merkwürdig, daß die beiden schönsten Wasserfälle Europas, der des Velino und der in Tivoli, künstlich angelegt sind. Ich empfehle dem Reisenden, dem Lauf des Velino bis zu dem kleinen See zu folgen, der Piè di Luco genannt wird...«

Ein besonderes Schicksal hatte Spoleto. An der wichtigsten Verbindungsstraße zwischen Rom, dem Norden Umbriens und der Toskana sowie zwischen Rom und der Adriaküste gelegen, hat die Stadt zu allen Zeiten Ströme von Reisenden gesehen, auf die meisten jedoch keine besondere Anziehungskraft ausgeübt. Einige ihrer Monumente tauchen in Reisenotizen oder Aquarellen auf, vor allem die Felsenburg Rocca mit ihrer ungewöhnlichen Lage oberhalb der Stadt, und die Ponte delle Torri, die Brücke der Türme, deren kühne Schönheit, wie Cesare Brandi bemerkt, »von Turner so stark empfunden wurde, daß

63

J. D. Harding, *Einfahrt nach Spoleto von Rom kommend*, 1820

er den bescheidenen Hauch des Flusses Tessino in den blauen Atem der Themse verwandelte«. Wenig berichten uns die Reisenden dagegen über den Platz vor dem Dom, ein natürliches Amphitheater, das heute diesseits wie jenseits des Atlantiks als Mittelpunkt des »Festivals der zwei Welten« bekannt ist, und ebenso selten sprechen sie über die Anlage des Stadtzentrums mit seinen steil abfallenden, verwinkelten Straßen, die eine gewisse »langobardische« Strenge besitzen. Hören wir einige dieser eiligen Reisenden. Lady Morgan zum Beispiel versäumt nicht, auf die unheimliche Ausstrahlung der »furchtbaren Mauern von Spoleto« hinzuweisen, »durch die wir nachts in die Stadt hineinkamen«, doch die übrige Beschreibung und die Hast, mit der sie das Städtchen durchquert, offenbaren ein unüberwindliches Gefühl der Fremdheit: »Während wir in die dunkle Befestigungsanlage hinunterstiegen und im Schein der erleuchteten Madonnenschreine die Umrisse der schwarzen, verfallenen, stolzen Wohnhäuser erblickten, erschien uns die Stadt wie eine Ansammlung von Gefängnissen; die Luft war zum Ersticken und alles hatte etwas Erschreckendes.« Für Ca-

William Turner, *Ponte delle Torre in Spoleto*, um 1840

millo Boito ist es »die Stadt, die berühmt wurde durch ihren heroischen Widerstand gegen Hannibal und durch ihre Trüffel«. Das geraffteste Gesamtbild bietet uns wenige Jahre später Maurel, es enthält äußerst originelle, interpretierende Bemerkungen zur Anlage der Stadt, die man noch heute mit Genuß liest:

»Spoleto liegt so hoch wie Perugia. Wie Perugia hat es eine weite Landschaft zu seinen Füßen. Und Spoleto ist, ohne jede Übertreibung, eine düstere Stadt. Sie erstreckt sich terrassenförmig über die Flanke des Berges, den nur die Zitadelle, die Rocca, überragt, welche ihrerseits wieder vom Monteluco mit seinem schattigen Steineichenwald erdrückt wird. Spoleto trägt das Gewicht zweier Felsen, der eine, die Felsenburg, von Menschenhand erbaut, und der andere von Gott in diese Gegend geworfen. Die Stadt zeigt sich zusammengekauert, zurückhaltend und spröde. Obwohl sie dreihundertfünfzig Meter über dem Meeresspiegel liegt, gräbt sie sich unterhalb der vierhundert Meter der Rocca und der achthundert des Monteluco in den Felsen ein. An Rand des Apennin gelegen,

Ansicht von Spoleto. Stich nach einer Zeichnung von J. D. Harding

dessen Berge sie von der römischen Wiege trennen, wirft sie von keinem einzigen Balkon aus einen Blick auf das grüne Umbrien zu ihren Füßen. Ihren Straßen ist dieses Schauspiel gleichgültig, sie haben nichts anderes im Sinn, als mit eingezogenem Kopf am Felsen hochzuklettern. Eine lange Schlange, zwanzig Mal um sich selbst gewunden, in einzelnen Abschnitten verkrampft und zusammengestaucht, damit sie nicht von dem Felsen rutscht, den sie sich als Ruheplatz ausgesucht hat, beginnt die Straße am unteren Stadttor und führt bis an den Fuß der Felsenburg.«

Zur umbrischen Talebene zwischen Spoleto und Foligno gehören einige vorgeschriebene, durch die *Grand Tour* berühmt gewordene Stationen. Doch gibt es keine Ansicht des Tals und der Stadt Trevi, die klarer wäre als die zwei Stanzen im Stil Ariosts, mit denen Giacomo Leopardi in den *Paralipomena* eine strahlende Erinnerung an seine wenigen, traurigen Reisen zwischen Recanati und Rom bewahrt. In seiner Beschreibung, einer ungewöhnlich genauen Wiedergabe landschaftlicher Besonderheiten, erinnert er vor allem an den An-

Ansicht von Trevi. Stich nach einer Zeichnung von J. D. Harding

blick, der sich dem Reisenden auf der »weiten, ergötzlichen Straße« zwischen Spoleto und Foligno eröffnet, ein so anmutiges, luftiges Bild, daß er eine unauslöschliche Erinnerung daran bewahren wird. Es handelt sich um Trevi, welches der konischen Form des Hügels zu folgen scheint, an dem seine Häuser emporklettern: »Von Trevi, der Stadt, wo / Von luftigen Dächern auf dem stürmischen Gipfel / Bis zum äußren Ring der Häuser / An seinem Fuß der Berg sich neiget...« Die Wirkung ist so graziös, daß »wie verzaubert der Wandrer es bewundert«.

Während in dieser luftigen Stadt die »Tempel und Paläste leuchten« und »überall ringsum die Fenster funkeln«, sind wir in die Nähe der alten Poststation von Le Vene gelangt. Dieser Ort zieht die reisenden Liebhaber der klassischen Kultur und des Pittoresken an, hier machen sie Halt, um die Quellen des Clitunno zu besichtigen, denn sie sind zum Symbol jener arkadischen Unbeschwertheit geworden, die den Untergang des Mythos überlebt hat. Wir sehen die Quellen mit den Augen von Suarès, dem letzten Ästheten mit einem ironisch gebrochenen

Bewußtsein von der eigenen Beschreibungskunst und von seinen ekstatischen Schwärmereien:

>Die Stunde der Nymphen ist die Stunde des Bades; sie haben sich unter die Weiden geflüchtet, und ich bin es, der auf der Suche nach ihnen völlig durchnäßt zurückbleibt. Diese flach über den Boden fließenden Quellen formen sich nicht zu einem großen Fluß, eher zu einem Bach. Die schönen, ruhigen, völlig stillstehenden Wasser schlafen, ohne zu träumen; sie lachen leise, und sie sind so seicht, daß man versucht ist, barfuß darin spazierenzugehen. Kindlich sind sie, laden zu Kinderspielen ein. Sie bilden einen klaren, glänzenden Kelch, dessen Schönheit dir den Verstand raubt. Die Nymphe des Clitunno hat es zugelassen, daß der Faden ihrer Halskette dort unten, in der Aushöhlung ihres Bettes aus blauem Kristall, riß und sie ihre Perlen verlor: die Steine sind zu Boden gefallene Juwelen. Alles ist eingehüllt in Muße, in eine friedliche Ruhe ohne jedes Geräusch, eine stille Sammlung. Eine lange Reihe Baumkronen, ein Einklang aus frischer, lebendiger Vegetation verhindert, daß das große Schweigen über den kleinen Seen dieses Gewässers davonfliegt.«

Tradition und Erneuerung wirken dagegen in der Beschreibung zusammen, die Vernon Lee am Ende des 19. Jahrhunderts der Stadt Foligno und ihrer Umgebung widmet. Sie ist die Vorläuferin einer großen Anzahl europäischer und amerikanischer Reisender, die, angezogen von der Landschaft, der mittelalterlichen Kunst und der franziskanischen Frömmigkeit, die unbekannteren Nebenstraßen durch Umbrien erkunden:

>Foligno ist nicht gerade das, was die Leute einen interessanten Ort nennen, doch mir hat es gefallen. Ringsum gibt es viele pittoreske Dörfchen und mächtige, rauhe Berge aus rosafarbenem Gestein, alle bedeckt mit einem Pelz aus Eichenwäldern, wo man die Reisigbündel im Flußbett der Gebirgsbäche talwärts rollen läßt. Die ganze Umgebung ist leicht zu erreichen. Es gibt einen wasserreichen, strudelnden Fluß,

Yosho Markino, *Der Campanile von San Domenico in Foligno*, 1911

der an einer Seite der mit Efeu tapezierten Stadtmauern ent-
langströmt, und es gibt hier Fresken aus dem 15. Jahrhundert,
die ihr hoffentlich kennt. Was mich aber am meisten interessiert, sind natürlich die vielen alten Gebäude mit Portalen aus
rosafarbigen Steinen und Innenhöfen mit Bogengängen und
herrlichen Gittern aus Schmiedeeisen, deren größter Teil gut
erhalten ist.«

Hinter Foligno kann der Reisende weiter flußaufwärts am Lauf
des Tibers entlang nach Assisi, Perugia und in das nördliche Tibertal gelangen oder nach Colfiorito zum Apenninpaß abbie-
gen und hinunter nach Tolentino und Macerata fahren. Aber
lassen wir uns den Weg von Vernon Lees spontaner und zu-
treffender Bemerkung empfehlen: »In diesem umbrischen Tal
scheint alles leicht erreichbar zu sein.« Das gilt besonders für
zwei außerordentlich interessante Ortschaften, die man von
Foligno aus in wenigen Minuten erreicht, nämlich Montefalco
und Bevagna: »Von Foligno aus sehe ich auf der anderen Seite
des Tals das steil am Berg liegende Montefalco, das sich so
scharf in der blauen Luft abzeichnet, daß ich Lust bekomme,
dort hinaufzusteigen«, schrieb René Schneider im Jahre 1908.
»Es ist weit, sehr hoch gelegen, aber ich weiß, daß mich dort
die Poesie des Raumes erwartet.« Dem Reisenden, der hinter
Montefalco den Berg hinabgestiegen ist, bietet sich mit dem
Rathaus und den beiden romanischen Kirchen auf dem
großen Platz von Bevagna, San Silvestro und San Michele, ein
unvergleichliches, kompaktes Bild mittelalterlicher Architektur.
Und noch einen einzigartigen Ort gibt es, der in unmittel-
barer Nachbarschaft Folignos in den Schluchten des Apennin
auf den Besucher wartet. Auch davon erzählt uns Vernon Lee,
und wir hören aus ihrer Beschreibung, daß das Eindringen in
die unberührte Natur gleichzeitig eine Rückkehr zu den Ur-
sprüngen der Geschichte war:

»Die Eichenwälder Umbriens sind so dicht, so dunkel und ge-
heimnisvoll, daß sie ihren Zauber auf mich nie verfehlen ...
Die Wälder oberhalb Folignos gleichen denen, die die alte

Abtei von Sassovivo umgeben. Man klettert dort hinauf über kahle, spärlich mit dünnen Sträuchern vertrockneter Eiche und welker Erika bewachsene Hügel aus Kalkstein mit einer hübschen roten Maserung, die hier und dort aufleuchtet, wenn sie eine Fleischfarbe annimmt. Umbrische Städte wie Assisi, Spello, Foligno und Trevi sind von Kopf bis Fuß aus diesem Stein erbaut. Man steigt weiter hinauf und gelangt ins Gebirge; die ersten Steineichen tauchen auf, und plötzlich stößt man auf das halb verfallene Zisterzienserkloster mit seinen befestigten Mauern, Türmen, dem säulenumstandenen Kreuzgang, dem geborstenen Glockenturm mit einem Wacholderbusch, der neben der Wetterfahne aus dem Stein gewachsen ist. Einige Maultiere, die den Köhlern gehörten, weideten zusammen mit Schafen unter den schütteren Eichenbäumen, sie fraßen den Thymian und die nach Salbei duftenden, grauen Kräuter, die zwischen den überall umherliegenden rosigen Steinen hervorwuchsen. Es blies ein schneidender Wind, weiße Kumuluswolken jagten über das Tal und die blauen Hügel in der Ferne hinweg; dies war ein strenger, seltsam ursprünglicher Ort, so daß man sogar noch neben den Türmen des Klosters den Eindruck hatte, daß dies das antike Umbrien vor der Römerzeit war.«

Um Flüsse und Meere haben wir vielfältige Mythen gerankt, wir haben sie zum Sinnbild für den Lauf der Geschichte und ihre fortwährende Erneuerung erhoben, um diese Gewässer jeoch schließlich, wie T. S. Eliot sagt, »zu Handelsstraßen / Und nurmehr zu Problemen für Brückenbauer« herabzuwürdigen. Einem solchen Paradigma hat sich der See mit seiner schwer greifbaren, ganz eigenen Natur entzogen. Sein stilles, doch trügerisches Wesen, von dem wir uns »das Heulen und Jammern des Meeres« nicht erwarten dürfen, hat keine schmachvolle Parodie erleben müssen. Er hat sich mit seiner Zurückhaltung immer vornehme, altmodische Gepflogenheiten bewahrt.

Der Fluß ist in uns, er benetzt unser Gedächtnis, ohne sich jedoch wirklich darin einzugraben. Das Meer ist ein zu oft mißbrauchtes Symbol, daher stört seine Stimme bei jedem individuellen Erinnerungsversuch. Es ist das runde Gefäß des Sees, dem – wie die keltische Kultur ahnte – die Aufgabe zufällt, die Archive alter Geschichten zu schützen, die unsere geblendeten oder getrübten Augen meist gar nicht mehr sehen. Das Wasser des Sees kennt den allzu oft vergessenen Zorn der Flüsse nicht, es erzeugt keine wunderbaren Metamorphosen: weder verwandelt es »in Perlen, was einmal die Augen waren«, noch »nagt es an den Knochen, bis sie zu Geflüster werden«. Langsam häuft der See die Ablagerungen der Zeit aufeinander und macht sich zu ihrem verschwiegenen Gedächtnis. Vergeblich wäre jeder Versuch, ihm eine andere Funktion zu verleihen, als die des eifersüchtigen Bewahrens.

Es gab eine Zeit, als der Trasimener See – heute als ein schäbiger Sumpf mißachtet – in ganz Europa als die Stätte historischen Gedenkens schlechthin galt. Sein leuchtender Ruhm

übertraf den flüchtigeren pittoresken Charme der lombardi-
schen Seen bei weitem, wie uns jene in Italien noch unbekannte Disziplin lehrt, die man Archäologie des Tourismus
nennen könnte. Es gibt tatsächlich keinen Vedutenmaler, in
dessen Mappe oder Skizzenblock seine verschwommenen Umrisse und die fast erstaunt auftauchenden Inseln nicht zu finden wären. Die Ströme früherer Reisender, die auf dem Weg
nach Rom seine Ufer streiften – Pilger zu Stätten der Kunst
und der klassischen Antike, die sich, wie John Addison, der Vater des Journalismus, in Büchern ebenso gut zurechtfanden
wie auf Landkarten –, »sahen« hier mit weit aufgerissenen
Augen, wie Hannibals Kavallerie im dichten Nebel das römi-
sche Heer niederschlug. Während Byron das unvermeidliche
Vergehen alles Irdischen besang, indem er die liebliche umbrische Landschaft in einen scharfen Gegensatz zum Lärm der
Waffen und der aufgewühlten Elemente brachte: »Wie anders
scheint der Trasimeno jetzt / Eine silbrige Fläche der See und
die Ebene / Kein Blutbad mehr, in Äckern nur Furchen der
Pflüge ...«, stellte Chateaubriand, als Reisender ein perfekter
Lügner, sich ein von Felswänden eingeschlossenes Gewässer,
durchsichtige Tiefen und im Wasser wogende Ruinen vor.
Manchmal scheinen die Palimpseste der Geschichte sich nur
der Einbildungskraft und der Lüge zu erschließen. Wie bele-
bend die Nähe eines Ortes mit so magnetischer Anziehungskraft auf das topographische Vorstellungsvermögen wirkt, zeigt
uns Hawthorne, der Romancier des puritanischen New England. Es rührt uns noch heute, daß er verblüfft und enttäuscht
auf die geringfügigen Dimensionen des Sanguineto reagiert –
ein winziger Zufluß des Trasimeno mit einem blutigen Namen
–, den die historische Phantasie gerne in weitaus respektable-
rer Breite gesehen hätte: fast wie den Mississippi. Doch die eindrucksvollsten Worte über die zu historischen Reminiszenzen
verführenden Kräfte dieser Wasserfläche verdanken wir Henry
James, dem amerikanischen Schriftsteller, der um das Jahr
1875 an den Ufern des Sees haltmachte und seine Aufzeichnungen verfaßte, als das Gedächtnis der Klassik schon unauf-

haltsam verblasste wie eine alte Fotografie. Seine besorgte, in ironischer Weise rhetorische Frage gestattet keine Paraphrase:

>Zwischen Perugia und Cortona liegt der breite, sumpfige Wasserspiegel des Trasimener Sees, dessen Name wegen Hannibals berühmtem Sieg über die Römer für immer einen faszinierenden Klang haben wird. Die Erinnerung ist verdunkelt, und das Ereignis liegt nunmehr weit zurück. Gibt es überhaupt noch einen leidenschaftlichen Pilger, der, wenn er an einem schwülen Sommermittag durch diese Gegend wandert, wahrnimmt, daß die Luft, das Licht, die matte Brise von den Plagegeistern dieser Erinnerung erfüllt sind, daß die ganze Gegend vom untröstlichen Schmerz dieser Erfahrung und vom unbegreiflichen Nebel der Geschichte durchdrungen ist?«

Mit begeistertem Erschrecken, wie angesichts einer strahlenden, wunderbaren Erscheinung, atmet James eine »mit Geschichte gesättigte, leicht verseuchte Luft, als hätte sich die Erfahrung von Jahrhunderten zu einer hauchdünnen Lösung verflüchtigt«. Lafcadio Hearn, ein Autor, der keiner bestimmten Nationalliteratur zuzuordnen ist, bezieht sich zwar auf eine andere Gegend und eine andere Kultur, aber auch er hat die Lektion dieses inzwischen nahezu vergessenen historischen Gedenkens gelernt, wenn er, wie mit einem Echo auf James, notiert: »Die Atmosphäre hier gehört zu keiner Epoche der Menschheitsgeschichte: sie stammt aus einer langvergangenen Antike, so weit entfernt, daß ich erschrecke bei dem Versuch, sie zu bestimmen; und es ist keine Mischung aus Stickstoff und Sauerstoff, sie besteht überhaupt nicht aus Luft, sondern aus Gespenstern... Jedesmal wenn ein sterbliches Wesen diese Atmosphäre einatmet, füllt sie sein Blut mit dem Gemurmel dieser Geister...« Aus genau diesem spiritistischen Zugang, bei dem der Betrachter sich zum Medium eines Ortes und einer Kultur macht, entsteht eines der eindrucksvollsten Kapitel der Reiseliteratur. Er regt das Empfindungsvermögen der durch Italien reisenden Fremden an und macht sie sensibel für den

Geist eines Ortes. Diese Aufnahmefähigkeit betrachten wir heute, in einer Zeit, die die besonderen Merkmale und Unterschiede der Landschaften einebnet, mit neidischer Ironie.

Der Trasimener See – ein wichtiges Fundstück unserer Archäologie des Tourismus – ist also ein emblematischer Ort, der zu einem Reisenden im Geist Plutarchs ebenso sprechen konnte wie zu dem ruhelosen Romantiker oder dem raffinierten Dandy, und er sprach durch ein Gewisper geheimnisvoller Stimmen, einer schaurigen Ansammlung schattenhafter Zeugen. Seine Anziehungskraft setzte sich bei den Kunstliebhabern unseres Jahrhunderts fort. Der See zwang sie, seine ganze Fläche zu umschiffen, um die hinreißenden Fresken des Palazzo della Corgna in Castiglione del Lago oder ein traumhaft schönes Gemälde des Perugino, den *Heiligen Sebastian* in Panicale zu betrachten. »Unsere gemeinsamen Reflexionen über die Geschichte unterbrechend kündigt der Hoteldiener uns an, daß das Mittagessen serviert ist: Königskarpfen, Hecht und Aale aus dem See...«, notiert ein französischer Reisender, von den zarten Nebeln über dem See offenbar nicht allzusehr beeindruckt. Um die Jahrhundertwende gibt es sogar Fremde, die hoffen, zwischen den Ackerschollen um das Dörfchen Sepoltaglia das vergrabene »Schwert und die Medaille« zu finden, wie D'Annunzio dichtete, den die unheilvolle Stille geschichtsträchtiger Orte stets angezogen hat. Der Dichter ist nicht das einzige Opfer kitschiger Reime und täuschender Ortsnamen. Wenn wir uns umwenden und auf das Geflüster des Sees hören, erkennen wir, daß der antikenbegeisterte Pilger noch ganz anderen, subtileren Verführungen erliegen mußte: Ossaia, Sepoltaglia, Sanguineto ... und wer weiß wieviele weitere, auf Tod, Blut und Knochen hinweisende Namen aus dem kriegerischen Ereignis hervorgesprossen sind, das den Ort berühmt gemacht hat. Falsche Ortsbezeichnungen eigentlich, die aber so überzeugend Echtheit vortäuschen, daß sie unter dem Spott und dem ironischen Lächeln von Sterne und Gadda, zwei Meistern spielerischer Etymologien und grotesk plausibler Ortsnamen, sogar Eingang in die Landkarten

Der Trasimenische See. Anonymer Stich von 1897. – Im Vordergrund Castiglione del lago, rechts hinten die Isola maggiore

des Militärischen Geographischen Instituts gefunden haben. Ossaia – *Ab ossibus illis*... wie die Besucher dort staunend auf einer Marmortafel lesen: »Von den Knochen / derjenigen, die der Speer besiegte und der Betrug des Hannibal« – ist in Wirklichkeit eine Abänderung des prosaischeren Ursaja oder Orsaia, dem Landsitz der Adelsfamilie Orsini. So oder ähnlich verlieren auch die anderen Ortsbezeichnungen ihre düstere und blutige Aura. Die topographische Einbildungskraft erschafft sprechende Namen ebenso, wie sie die Nebel über dem See in geisterhafte Abgesandte der Geschichte verwandelt.

Während die Schnellstraße Mailand-Rom den letzten Zipfel des Sees vor den Blicken des Vorüberfahrenden verbirgt, beginnt man darüber nachzudenken, daß den Heerscharen früherer Reisender ein nicht unerhebliches Verdienst zukommt: Sie haben das Gedächtnis des Sees festgehalten, den Namen und das Bild eines jener Orte überliefert, die über Jahrhunderte ein dauerhaftes Bild Italiens geschaffen haben. Zwar ist es ein gleichermaßen aus historischem Andenken wie aus pittoresker Melancholie entstandenes Bild, aber, könnten wir hinzufügen, es wurde fast immer mit dem Sinn für das rechte Maß gepflegt. Wir müssen daher dem Urteil Nathaniel Hawthornes beipflichten:

> »Byron hat sehr schöne Verse über den See und über die blutgetränkte Ebene geschrieben, obwohl sie nicht so subtil sind wie andere seiner Verse... Jedesmal, wenn er über eine Statue, eine Ruine, ein Schlachtfeld sprechen will, stürzt er sich auf seinen Gegenstand wie ein Geier, und im Nu hat er ihn in Fetzen gerissen, so daß nichts mehr hinzuzufügen bleibt.«

Einen kurzen Zusatz können wir trotzdem machen, und wir entnehmen diese vielsagende Bemerkung dem Roman *Those Barren Leaves* von Huxley: »Auf Wiedersehen, Trasimeno, sagte Irene bedauernd. Es war ein schöner See und sie hätte sich gerne daran erinnert, was dort geschehen war.«

Etrurien, ein Roman

Der Roman Etruriens, das heißt, das lustvolle Weben am Schleier des Geheimnisses, der diese Landschaft und die Überreste ihrer alten Kultur noch immer umgibt, ist eine Schöpfung der unermüdlichen englischen Reisenden aus der Zeit der Romantik. Wer von romantischen Reisenden spricht, meint eine Form der Entdeckungsreise, die in zunehmendem Maße von den unerforschten Landschaften angezogen wird und nach einer unverwechselbar eigentümlichen Kunst sucht, mit der der aufklärerische Mythos von der Gleichheit der Menschen aller Länder und Gegenden der Erde widerlegt werden soll. Tatsächlich erkennt man an der Reiseliteratur dieser Zeit – im Gegenzug zum fortschreitenden Schrumpfen des unbekannten Teils der Welt –, daß das Objekt der Sehnsucht sich immer weiter entfernt und schließlich mit den entferntesten Gegenden und ihrer unberührten Natur zusammenfällt, mit den Ländern der Folklore, mit den letzten Oasen des Vergessens. Der räumlichen Flucht an unerforschte Gestade entspricht im engeren lokalen Umkreis eine Art vertiefter Wiederentdeckung all dessen, was ausgeprägte ethnische, historische und anthropologische Unterschiede aufweist, oder auch solcher künstlerischen und kulturellen Phänomene, die man nur aus gelehrten Büchern kannte und als antiquarische Stücke oder gar wie Fetische verehrte.

Von diesem romantischen Geist sind die ersten großen Erforscher der etruskischen Kultur und ihres Verbreitungsgebietes beseelt. Die Aufzeichnungen von George Dennis und die sehr viel späteren von D.H.Lawrence – von den Aquarellen S. J. Ainsleys ganz zu schweigen – sind nicht nur mehr oder weniger zutreffende, immer aber begeisterte Studien der etruskischen Kultur, sondern außergewöhnliche Schilderungen einer der bezauberndsten Landschaften Italiens, deren einheitliches Gepräge heute noch in der magischen Einsamkeit und Stille dieser Gegend fortzuleben scheint. Mit diesen Aufzeichnungen, ihrer besonderen Sensibilität für die Umgebung und ihrer charakteristischen Schreibweise im Stil der Reiseerzählung muß sich beschäftigen, wer einige der Wege rekonstruieren will, die, je weiter sie auf den verschlungenen Pfaden einer untergegangenen Kultur vordringen, auf Schritt und Tritt Geheimnisse zu bergen scheinen.

Es ist kein Zufall, daß gerade das romantische Zeitalter in dieser Gegend nicht nur den Spuren nüchterner Altertumsforscher wie Eustace und Colt Hoare nachging, sondern auch das Gewirr unwegsamer, verschlungener Pfade erforschte, die an schwindelerregenden Schluchten im Tuffsteingebirge entlangklettern oder sich durch übelriechende Sümpfe ziehen. Der Zauber der etruskischen Landschaft gründet sich nämlich auf eine einzigartige Verbindung zwischen einer ungezähmten, ursprünglichen Natur, die nichts idyllisch Pittoreskes hat, und sehr frühen, zeitlich und räumlich jedoch diskontinuierlichen Zeugnissen für die Anwesenheit von Menschen. Eine Landschaft, in der Grabhügel, unterirdische Grüfte und andere Überreste der Vergangenheit einer Art Metamorphose zu unterliegen scheinen, die sie in den Tuffsteinboden dieser Gegend verwandelt und im Schoß der Natur selbst mumifiziert.

Dieses Merkmal der etruskischen Landschaft haben die Reisenden des 19. Jahrhunderts, bei aller Verzauberung durch eine so düstere, geheimnisumwitterte Welt, wohl in erster Linie als eine mahnende Erinnerung an die Vergänglichkeit der Welt empfunden. Ein Eindruck, den sie aus dem trostlosen Anblick der Ruinen, aus der zerstörerischen Macht der Zeit, aus dem Verschwinden der Namen und Taten antiker Völker empfingen. Mit einer solchen inneren Einstellung begibt sich auch Caroline Hamilton Gray, eine abenteuerlustige englische Etruskologin, im Jahre 1839 auf die *tour* zu den etruskischen Nekropolen. Wir werden uns auf diesem verschlungenen Rundweg von ihr leiten lassen, denn aus ihren Aufzeichnungen, die sie noch vor dem großen Dennis verfaßte, spricht mit weniger ekstatischen, aber durchaus begeisterten Tönen eine überschwengliche Bewunderung für diese alte Kultur und für die Landschaft des südlichen Etrurien. Zudem enthalten die Schilderungen Hamilton Grays ungewohnte, neue Aspekte, da ihre Abhandlung sich mit liebenswerter Aufmerksamkeit auch den konkreten, alltäglichen Problemen der Reise widmet. Und obwohl die Etruskologen ihr viele wertvolle Hinweise und wichtige Zeugnisse verdanken, dürfen wir sie beim Wort nehmen, wenn sie schreibt: »Gestattet mir die Feststellung, daß ich für den unerfahrenen und zum Vergnügen Reisenden schreibe, nicht für den gebildeten Reisenden oder für den anspruchsvollen Altertumsforscher.« Nicht minder spontan und aufrichtig erscheint sie uns, wenn sie bei ihrer Ankunft in Tuscania mit selbstironischem Erstaunen bemerkt: »Am Eingang zum Haupttor machten wir Halt und begannen uns zu fragen, wie und wo wir die Nacht verbringen sollten, ein Thema, das wir im Verlauf unserer Gespräche überhaupt nicht in Betracht gezogen hatten. Wir hatten uns weit mehr mit Nekropolen und Sarkophagen als mit Herbergen und Betten zum Schlafen beschäftigt...«; oder wenn ihr in der Burg oberhalb von Ponte alla Badia zu ihrer Überraschung von zerlumpten Zöllnern – mahnende Erinnerung an die Gegenwart und Ausblick auf die Zukunft – »an dieser Stelle gefundene antike Gegenstände« angeboten werden.

Lady Hamilton Gray gelangt von der Küste aus nach Tarquinia, nach einer Fahrt durch Korkeichenwälder, bei der sie einen Ausblick auf die in der Ferne gelegenen Berge mit ihren reichen Alaunvorkommen und vielen Wildschweinen hatte. Tarquinia muß ihr ganz ähnlich erschienen sein, wie es sich ein Jahrhundert später D. H. Lawrence darbot: »Mit seinen Türmen, die wie Antennen aus der Flanke eines niedrigen, aber steilen Hügels aufragten, liegt es etwa acht Kilometer von der Küste entfernt im Landesinneren.« Tarquinia bietet dem heutigen Reisenden ein recht gut erhaltenes Beispiel einer mittelalterlichen Stadt, die auf dem Felsen von Castello entstand, nachdem die nahegelegene etruskische Siedlung verlassen wurde. Die abschüssigen Seiten der Anhöhe haben das ursprüngliche Aussehen der Stadt auf fast zwei Dritteln ihrer Fläche sowie ihre markante *skyline* gut erhalten. Der Mauerring, die Homogenität des Stadtbildes mit seinen Sakral- und den Profanbauten, einschließlich der achtzehn erhalten gebliebenen Türme und der Fundamente weiterer zwanzig, die zahlreichen Verbindungsbögen zwischen den Gebäuden, das schattige Straßengewirr in den Vierteln Castello und Castronuovo, die lichterfüllten, offenen Plätze im Viertel Corneto Vecchio mit seinen überraschenden Ausblicken auf die Kirchen San Salvatore und San Giacomo Apostolo bis zur Kirche Santa Maria di Castello, machen aus Tarquinia eine Stadt mit vielen Gesichtern und einer starken Ausstrahlung. Zu ihrem Zauber gehört auch die morbide Atmosphäre des Untergangs, die, wie Julien Green schrieb, typisch ist »für die Städte des Verfalls«. Wie bedeutend diese etruskische Stadt war, die von Tarchon, dem Sohn des etruskischen Helden und Stammvaters Tyrrhenos, gegründet wurde, zeigt der weite Rundblick, den man von der Höhe des Felsens hat. Ausgehend von der Küste, wo sich ein wichtiger Handelsplatz befand, folgt man dem Flußbecken des Marta, an dessen Verzweigungen Tuscania, Blera, Norchia, Axia und Surrena liegen, sieht Vulci im Norden und Caere im Süden: das gesamte Einflußgebiet dieser Stadt. In der Nähe des ursprünglichen Tarquinia stößt Lady Gray zum ersten Mal auf Zeugnisse der etruskischen Kultur, wobei sie sich empfänglicher für das Pathos einer untergegangenen Welt als für den unmittelbaren Reiz der Ruinen zeigt. Mit klugem Gespür für Wirkung – die Wahl des Ortes ist sicher nicht zufällig – unterbricht unsere Reisende ihren Pilgergang zu den Gräbern und wirft einen Blick zurück, um in den Überresten, die dort im Sonnenlicht liegen, ein Lebenszeichen zu entdecken:

> »Unmittelbar bevor wir die Schwelle der in den Tuffstein gehauenen Grabstätte überschritten, hielten wir inne, um das

S. J. Ainsley, *Ansicht von Tarquinia*, 1842

Bild zu betrachten, das sich unseren Blicken bot, nämlich den Ort, wo sich einmal die alte Hauptstadt Etruriens befunden hatte. Wir suchten nach Spuren von Gebäuden, aber es war nichts mehr zu sehen außer den Felsen, die als Fundamente gedient hatten, ebensowenig irgendein Anzeichen für Mauerwerk. Auf der Schwelle zur Stadt der Toten stehend versuchten wir vergebens, das zu entdecken, was einmal die Stadt der Lebenden gewesen war, und die dauerhafte Beständigkeit der einen im Vergleich zur vergänglichen Flüchtigkeit der anderen schien uns ein bedeutsames Sinnbild unseres sterblichen Daseins zu sein.«

Den bewegten, gleichzeitig aber wohlüberlegten, gemessenen Ton, in dem Gray ein Volk grüßt, über das – ausgenommen die Altertumswissenschaft – »keiner mehr nachdenkt«, belegt die geschickte Schilderung einer anderen berühmten Grabstätte in Tarquinia, die nach der mythologischen Figur Typhon die *Grotta del Tifone* genannt wird:

»Bevor wir in das Grab hinabstiegen, erlebte ich einen Schreckensmoment: in dem Augenblick, als die Tür geöffnet wurde, spürte ich, wie mich aus dem kleinen, vornehmen Gesicht eines etruskischen Würdenträgers ein forschender Blick traf. Er schaute mich an, als habe er seine Augen gerade eben erst geöffnet, als guter Wächter über das Grab nun aus seinem ruhigen, erhabenen Schlaf erwacht, und fast schien mir, als sähe ich ihn die Stirn runzeln bei unserem Anblick, Eindringlinge, die ihm in seiner letzten Wohnstätte ganz und gar nicht willkommen waren. Er schien mich zu fragen: Was machst du hier? Es handelte sich um eine optische Täuschung, begünstigt vom Licht der Abenddämmerung; jedenfalls habe ich in keinem anderen Grab ein so tiefes Gefühl der Fremdheit verspürt, wie jemand, der seine Nase in das Haus eines berühmten Verstorbenen steckt, der seit langer Zeit der Vergessenheit anheimgefallen ist.«

Im Ausdruck ihrer Einschüchterung und Scham über das freche Herumstöbern in der Vergangenheit, ja noch im Versuch der Autorin, eine plausible Erklärung für die Erscheinung zu finden, liegt der literarische Zugriff dieser Schilderung, genauer, der des Schauerromans. Und diese Stelle offenbart noch mehr: die ebenso ersehnte wie gefürchtete Entdeckung einer unbekannten Seite der Antike, ihres rauhen, finsteren, unerforschlichen Gesichts, das sich von der Vertrautheit und Harmonie der akademischen Klassiktradition gründlich unterscheidet. Viel später sollte D. H. Lawrence die charakteristische Eigenart der etruskischen Kunst in sehr eindrucksvollen Worten definieren. Er spricht vom »grobschlächtigen Zuschnitt der Skulpturen und einer gewissen ungezügelten Gewalt des Licht- und Schattenspiels, das die viel später kommende Gotik ankündigt, wobei jedoch auch etwas vom feierlichen Mystizismus des Orients bewahrt wird«. Zweifellos war es vor allem die Entdeckung einer von der Klassik so verschiedenen Kultur, die die wirklichen und die vorgestellten Reisen von Lady Hamilton Gray und anderen Hauptfiguren des Romans der Etruskologie zu einem echten Abenteuer gemacht hat.

Niemand hat heute vom Reisen eine andere Vorstellung als die eines fließenden, ununterbrochenen Kontinuums von

S. J. Ainsley, *Castel d'Asso*, 1848

Straßen, die Bequemlichkeit und Schnelligkeit garantieren, andererseits aber den Traum vom lange ersehnten Ziel, die Lust am Unerwarteten und am Abenteuer ausschließen. In einer Gegend ohne Straßen wie dem Süden Etruriens – diesem in einer wilden Natur versunkenen Atlantis – zerfällt die Reiseroute noch während des ganzen letzten Jahrhunderts in eine Reihe einzelner Straßenabschnitte, die unter großen Mühen angelegt wurden und immer zu dem einzigen Ort führen, der irgendeine Form öffentlicher oder privater Beherbergung aufzuweisen hat.

Lady Grays *tour* über die etruskischen Nekropolen geht nun weiter in Richtung Tuscania. Nachdem sie von den Anhöhen Tarquinias über viele Windungen ins Tal hinuntergefahren ist, gelangt sie zunächst auf eine erstaunlich bequeme Straße, die sich um den Fuß des Berges mit der darauf gelegenen Stadt herumzieht und einen großen Teil der Ebene durchquert, die das antike Tarquinia von seiner Nekropole trennt. Sie bewundert die rauhen Gipfel des Monterozzi, bis die Aussicht vom felsigen Fuß des Turchina versperrt wird, den einst die alte Hauptstadt krönte. Nun kommt sie durch eine menschenleere, öde Gegend, über furchterregende Triften, auf denen noch nie ein so schweres Gefährt wie ihre Kutsche gefahren ist. Weder

85

die Anstrengungen der vier kräftigen Pferde noch die Peitschenhiebe und Flüche des Kutschers können verhindern, daß sie immer wieder aussteigen und zu Fuß weitergehen muß. Für allen Ärger entschädigt sie schließlich der Anblick der vielen Türme von Toscanella – der alte Name Tuscanias –, die in der Ferne auftauchen. Als sie näher kommt, erblickt sie einen von hohen Mauern gekrönten Hügel mit einer Unmenge runder Türme zu beiden Seiten, die dem Ort ein düsteres, mittelalterliches Aussehen verleihen.

Das Tuscania, das sich Lady Hamilton Gray und wenig später Dennis darbietet, ist eine verlassene, traurige Stadt, die ihre bewundernswerten Monumente nur widerstrebend offenbart, weil sie keinerlei Vorstellung von deren Wert hat. Dennis eröffnet das ihr gewidmete Kapitel auf vielsagende Weise, indem er von einem unbedeutenden, schmutzigen Ort spricht, der nicht mehr zu bieten habe als seine pittoreske Lage, einige etruskische Ruinen und seine Kirchen. Trotz der Maßnahmen zur Förderung des Tourismus, der Restaurierungen und Wiederaufbauten und der neu eingeführten, absurden Wappen der einzelnen Stadtviertel, vermittelt Tuscania bei der ersten Begegnung auch heute noch einen schwer zu beschreibenden Eindruck von Fremdheit, ein Echo der Wirkung, die in der Vergangenheit von ihm ausging. Dieser Eindruck verwandelt sich jedoch in freudiges Erstaunen, je mehr man von der Stadt entdeckt, die ringsum von Mauern umgeben und auf mehreren Hügeln erbaut ist (sieben, wird behauptet). Durch diese Hügel haben die drei Ausläufer ihres Grundrisses eine unterschiedlich schräge, fast steil abschüssige Lage, als seien sie eine urbane Replik der von tiefen Furchen durchzogenen Tuffsteinberge. Durch die wechselnde Höhe des Grundes, auf dem die Stadt erbaut ist, hat man in Tuscania das Vergnügen zahlreicher Ausblicke in die unmittelbare Umgebung und in die Ferne. Von jedem Aussichtsplatz oder Balkon aus sichtbar bildet die Kirche San Pietro, die abgesondert auf dem gleichnamigen Hügel, dem früheren Standort der etruskischen Akropolis steht, das wachsame Gedächtnis, die Erinnerung an die Vergangenheit Tuscanias. Und sie stellt eine dichtgedrängte Synthese dieses toten Geschichtswinkels dar – gemeint ist das breite Becken des Flusses Marta –, mit der frühromanischen Kirche, deren festungsgleiche Apsis wie ein Schutzwall wirkt; mit den umsichtigen Türmen; der Üppigkeit der Natur, die märchenhafte Schlupfwinkel zu verbergen scheint; den gelblich-braunen Felsspalten; dem in der Ferne mit dem hellblauen Horizont verschwimmenden Grün; und der tiefen Stille.

Der Weg, den Caroline Hamilton Gray uns vorschlägt, hat den Reiz des Unbekannten, da er quer zu den Schluchten und tiefen Furchen des Gebirges verläuft und trotzdem durch Gegenden führt, denen Touristenströme bis heute relativ unbekannt sind. Sie wendet sich zunächst nach Osten, den Städten Norchia und Blera zu, »Orten für Feen und Ritterromane«, wie Cesare Brandi gesagt hätte, und dann nach Westen, nach Canino und Musignano in Richtung Vulci und Ponte d'Abbadia, im Tal des Fiora gelegen. Je tiefer man in die toskanisch-laziale Einöde vordringt, desto mehr verdichten sich die Anzeichen für ein intellektuelles Abenteuer und die damit verbundene Notwendigkeit, herkömmliche Vergleichs- und Wertmaßstäbe zu revidieren. »Von Musignano bis Ponte d'Abbadia braucht man drei Stunden, und der Weg führt durch eine öde Gegend«, bemerkt unsere Reisende. Die Geschwindigkeit, mit der wir diesen Straßenabschnitt heute zurücklegen, läßt uns vielleicht lächeln, gleichzeitig bedauern wir aber, daß uns damit auch die Freude an der Eroberung, der Überraschung und Entdeckung verwehrt ist. Für die Etrusker war dies nämlich einer der glücklichsten Orte, im Herzen eines Gebietes gelegen, das berühmt für seine Kultur und seinen Reichtum war. Es läßt sich kein schärferer Gegensatz vorstellen als der zwischen der Fruchtbarkeit dieser Erde, dem Erfindungsreichtum und Fleiß ihrer antiken Bewohner und ihrem jetzigen menschenleeren Zustand. Wo sich einst blühende Städte befanden, fährt Lady Gray fort, bleiben nur noch armselige Reste und spärliche Schafherden, die auf der verlassenen Ebene weidend umherstreifen.

S. J. Ainsley, *Ansicht von Tuscania*, 1842

Es gibt einen ganz besonderen Ort, an dem die Hauptmerkmale der etruskischen Landschaft – die Verbindung zwischen den kühnen Formen der Kunst und der ungezähmten Wildheit der Landschaft, zwischen den Ablagerungen der Geschichte und ihrem natürlichen Zersetzungsprozeß – sich damals wie heute zu einem unverwechselbaren Ausdruck verdichten. Die Rede ist von der Ponte d'Abbadia bei Vulci, wohin Lady Gray jetzt unterwegs ist. Hören wir ihre ausführliche Beschreibung: »Es handelt sich um eine gotische, mittelalterliche Festung, der die Türme ein pittoreskes Aussehen verleihen, ungewöhnlich in einer Gegend, wo es wenige Zeugnisse aus der frühen Neuzeit gibt. Sie ist eindrucksvoll an den Ufern des Flusses Fiora gelegen, über den einst die prächtige Brücke errichtet wurde, die dem Ort seinen Namen gab, und die eines der schönsten erhaltenen Beispiele der etruskischen Architektur ist. Die Brücke spannt sich in großer Höhe, einen schönen Bogen bildend, über das Flußbett, und sie weist jenes kräftige, haltbare Mauerwerk auf, das typisch für Etrurien ist.« Weiter bemerkt Hamilton Gray, daß die Brücke für die Einwohner Vulcis als Viadukt wie auch als Aquädukt dienen mußte, und sie erwähnt, daß sie einen mühseligen und nicht ungefährlichen Abstieg hinunter zum Flußbett unternommen habe, um ein Naturschauspiel zu besichtigen. Dieses besteht aus einer riesigen Höhle mit großen Stalaktiten, zu der man über eine enge Landzunge gelangt, die von vorspringenden Felsen mit ständig wechselnden seltsamen und phantastischen Formen überragt wird. »Ich stellte mir vor«, schließt unsere Reisende, »daß der Reiz der Naturszenerie, zusammen mit der köstlich frischen Luft und der Reinheit der hier entspringenden Quelle, aus diesem Ort seinerzeit für die Bewohner Vulcis ein bevorzugtes Ausflugsziel gemacht haben.«

Hören wir nun über denselben Ort Dennis, der einige Jahre nach Lady Gray hierher kam. Seine eindringliche und dramatische Beschreibung ist sehr viel origineller, topographisch allerdings nicht ganz so genau:

S. J. Ainsley, *Ponte della Badia in Vulci*, 1842

»Die Burg steht am Rand der tiefen Schlucht, über die eine schmale Brücke gebaut ist, mit einer so hohen Brüstung, daß sie jede Aussicht versperrt. Erst als ich sie überquert hatte, konnte ich mir eine Vorstellung von ihrer Bauweise machen; dann aber, vom darunterliegenden Abhang aus, überwältigte sie mich wie ein Naturereignis. Es ist wirklich eine wunderbare Konstruktion, rittlings auf den felsigen Abgrund gesetzt wie ein Riese, mit dem Fiora, der tief unter ihr schäumend an den Felsen nagt. Doch was um alles in der Welt ist dieser erstaunliche Vorhang aus Stalaktiten, der auf dieser Seite bis über die Brücke ragt, eine von der Brüstung herabhängende, gewaltige, gezackte Masse, so daß es scheint, als wäre ein großer Wasserfall, während er sich über den Scheitelpunkt der Brücke wälzt, noch im Fallen versteinert worden, bevor er den Boden erreichen konnte! ... Die feierliche Burg hoch auf dem Felsen neben der Brücke, die ihren dunkelroten Turm zum Himmel reckt, die mit Steineichen und Stieleichen bewachsenen Berghänge, die Unmassen von Felsgestein in der Schlucht, der Fluß, der aufgewühlt und wütend durch den Engpaß jagt, die zerklüfteten Felsen, die im Licht der Dämmerung zornig wirken, sie alle sind harmonische Ergänzungen des zentralen Objektes in dieser Szene und bilden mit ihm das eindrucksvollste und pittoreskeste Schauspiel, das ich in Etrurien erlebt habe.«

In der Beschreibung von D. H. Lawrence fast ein Jahrhundert später ändert sich dieses schroffe Erscheinungsbild kaum:

»Es war eine überwältigend romantische Stelle. Die alte Brücke, ursprünglich von den Etruskern aus Vulci aus Blöcken schwärzlichen Tuffsteins erbaut, erhebt sich eigenartig und wie eine Blase gewölbt in die Luft. Gut vierzig Meter tiefer, auf dem Grund der dicht mit Stieleichen bewachsenen Schlucht, fließt der Gebirgsbach, während die Brücke sich wie ein einsamer, schwarzer Regenbogen vor dem Himmel abzeichnet, und was an ihr am meisten auffällt, ist die lang schon vergessene Perfektion ihrer Form.«

Sprechende Steine

Der anspruchsvolle Reisende

Die Menschen, die uns die historischen Städte Italiens unter einem anderen, neuen Blickwinkel gezeigt haben, ob in ihrer Gesamtheit oder über einzelne, charakteristische Strecken, gehören zu jenem Typus des Reisenden, für den die Reise niemals ein Urlaub und noch viel weniger – wie bei einem touristischen Ortswechsel üblich – ein Mittel zur geistigen Entspannung ist. Das Reisen ist für sie eine konzentrierte Tätigkeit, ein leidenschaftliches Forschen, das ihre ganze Aufmerksamkeit erfordert. Wie oft hat man in der langen Tradition der Reiseliteratur im Reisenden eine Wiedergeburt des Pilgers alter Zeiten oder des edlen und furchtlosen fahrenden Ritters gesehen! Die *Erzählungen eines Reisenden* von Washington Irving bieten davon zahlreiche, farbige Beispiele. In der Reiseliteratur des vergangenen Jahrhunderts werden die aus unterschiedlichen Romanformen übernommenen Erzähltechniken allerdings hinter einem beschreibenden Stil verborgen. In vielen Fällen hat die abgeschiedene Lage der Orte, die später Berühmtheit erlangen sollten, dazu geführt, daß ihr Besuch wie eine *quête* dargestellt wird, eine Entdeckungsreise mit mehreren vergeblichen Versuchen, dem Ziel näherzukommen. Man lese dazu nur, wie J. A. Symonds sich im letzten Jahrhundert über das unwegsame Montefeltro langsam auf Urbino zubewegt, oder welch gefährlichen Weg T. A. Trollope einschlägt, um Gubbio vom nördlichen Tibertal aus zu erreichen. Doch die Beschwerlichkeit der Strecke und das stereotype Wiederholen der Formel »und endlich, nach einem langen Weg...« haben auch bei diesen Beispielen die Funktion, die verborgene, bis jetzt verkannte Schönheit des Ziels hervorzuheben und aus der realen Mühe des Reisens die objektive Entsprechung der geistigen Kämpfe zu machen, die den leidenschaftlichen Pilger antreiben.

In den meisten Fällen unterscheidet sich der Reisende, auf den wir uns hier beziehen, vom romantischen Reisenden oder von den unterschiedlichen Verkörperungen desjenigen, der ein vertrautes, berechenbares Umfeld verläßt, um in der Fremde umherzuirren. Unser Reisender legt zunehmend weniger Wert auf das Reisen an sich und versteht sich nicht als jemand, der im Auftrag seines Lesers an dessen Stelle Abenteuer erlebt, nein, er bricht auf, um eine weit befremdlichere Reise in die Zeit zu unternehmen. Wenn Fussell behauptet, daß der Reisende zwischen den beiden Weltkriegen »reist, um die Vergangenheit zu erfahren«, und daß »die Reise ebenso ein Abenteuer in der Zeit wie im Raum« sei, dann unterstreicht er damit die implizite Ablehnung des modernen, industrialisierten Europa und des Massentourismus, die in der Begeisterung einer ganzen Reihe junger englischer Intellektueller für ein mythisches Goldenes Zeitalter zum Ausdruck kommt, das im märchenhaften Indien, in der Seidenstraße oder in Douglas' »altem Kalabrien« noch aufblitzte. Die Reise in die durch und durch zivilisierten Kunststädte Italiens, obwohl weit weniger exotisch und absolut ungefährlich, verlangt dennoch eine bewußte Entdeckungsfahrt in die Vergangenheit und eine sogar noch geschicktere Verstellung. Suarès zum Beispiel läßt schon im Titel seines Werkes, *Die Reise des Condottiere*, ein Echo an die Ritterepen und -romane anklingen, das die pompös manierierten Titel der einzelnen Kapitel jeweils unterstreichen: *Die Liebe des Condottiere zur Stadt, Der Condottiere krönt die Stadt ...* Während der Reisebericht seine Erzählmuster in Gattungen wie dem Schelmenroman und dem Ritterepos bis hin zur Schäferdichtung findet, und sich von diesen Mustern jeweils die Rolle des erzählenden Reisenden, die Abfolge seiner Erlebnisse, die unvermeidliche Ausstattung mit Neben- und Kontrastfiguren vorgeben läßt, orientiert sich die Beschreibung der Stadt, die unser Reisender betritt, an älteren und gleichzeitig moderneren Erzählformen wie dem Märchen oder der

Gespenstergeschichte. Auch in diesem Fall findet der Geist, den die düstere nordische Landschaft mit ihrer Wandlungsfähigkeit, ihren unzähligen Schluchten und Höhlen geprägt hat, seine Entsprechung in dem literarischen Genre, das ihm am angemessensten ist. Wie oft sprechen Henry James oder Vernon Lee ausdrücklich von den vielen geheimnisvollen Wesen aus der Vergangenheit, die von allen Seiten auf sie einstürmen! Und wieviele Male läßt uns der Besucher an seiner heimlichen Angst teilhaben, wenn ihn beim Überschreiten der Schwelle zur Vergangenheit, ohne daß er es beschreiben könnte, die undeutliche Ahnung überfällt, daß hier der Geist des Ortes anwesend ist.

Städte als Parabeln

Die früheren Besucher der italienischen Hügelstädte haben uns den großen Takt gelehrt, der erforderlich ist, wenn man den wahren Geist dieser Städte begreifen will. Wir vergessen zu oft, daß gerade diese Städte sich als stolze Hüter einer großen kulturellen Tradition verstehen und daß man sie ihrer Identität beraubt, wenn man sie durch unangemessenes Verhalten entweiht. Diese abgelegenen Orte, schreibt Carol Field, die die Hügelstädte vor einigen Jahren besuchte, bildeten einen natürlichen Schutz für die ersten Menschen, die sich dort niederließen; später fügten die mittelalterlichen Bewohner mächtige Stadttore, unzählige Wachtürme und eine abwechslungsreiche Architektur hinzu. Von weitem mögen diese ummauerten Städte mit ihren Befestigungen, den steinernen Burgen, den zimtfarbenen Dächern, die sich über die steilen Gassen neigen, alle gleich aussehen. In Wirklichkeit hat jede ein unverwechselbares Profil und eine ganz eigene Persönlichkeit, eine eigene Farbe und, durch die jeweils verwendeten Steine der Gegend, jede ihre besondere Rauhheit, von den unterschiedlichen Bauweisen der Gebäude und Innenräume ganz zu schweigen.

Als Würdigung ihrer Einzigartigkeit verlangt jede ein besonderes Ritual, mit dem man sich die örtlichen Schutzgeister und Hausgötter geneigt macht. Denn die Hügelstädte, abgeschieden gelegen und in sich geschlossen, sind die letzten vornehmen Bastionen einer alten Kultur. Jemand hat einmal scharfsinnig bemerkt, daß ein Reisebuch, im Unterschied zum Reiseführer, ein Werk mit zwei verschiedenen Ebenen sei. Es hat zwar eine realistische Oberfläche, ist daneben aber auch ein lehrhaftes Gleichnis. In ihm verschmelzen also zwei scheinbar ganz unterschiedliche Wahrnehmungsweisen: der beschreibende Bericht und das Märchen von der Reise, die objektive Aufzeichnung über eine Fahrt oder die Beschaffenheit eines Ortes und die Erzählung einer beispielhaften Parabel. Auf diese Weise verwandeln sich Reisen und Städtebeschreibungen in Fahrten in das eigene Innere und in Parabeln für einen bestimmten historischen Augenblick, natürlich ohne auf ihre illustrierende Funktion zu verzichten. Unter unserem besonderen Blickwinkel, der den »wiederentdeckten« Städten gilt, ist es interessant zu untersuchen, wie der stilistische Zusammenhang der einzelnen architektonischen Elemente einer Stadt, ihr Gesamtbild, zu Symbolen und Mythen werden, zu den konstitutiven Bausteinen der Parabel.

Der Geist der Parabel, der in jeder Reise steckt, verlangt vom Besucher einer Stadt, daß er sie zu erobern weiß, ihre verborgene Seele erkennt, denn diese Eroberung wird sich als Bereicherung erweisen, die ihn reifen läßt. Er muß daher wissen, wann der geeignete Moment gekommen ist, um ihre Tore zu durchschreiten, um in ihre Geschichte einzudringen, ihre »Bücher« zu lesen, ihren sprechenden Steinen zuzuhören. Die Schwelle einer historischen Stadt zu überschreiten ist wie ein Abstieg in die Unterwelt. Aus dieser traumatischen Erfahrung kann man mit einem neuen, initiatorischen Wissen hervorgehen, oder sich im Labyrinth der flüchtigen Eindrücke und trügerischen Assoziationen verlieren. Lea Ritter Santini hat uns nicht ohne Grund ermahnt, daß der Abstieg in den Hades den Pilger vergessen lassen kann, woher er gekommen ist, und warum er seine Reise angetreten hat, und André Suarès bekennt, daß die italienischen Hügelstädte häufig das verführerische und gefährliche Antlitz des Vergessens annehmen können. Den Geist einer Stadt zu finden bedeutet also, auf die Sprache der Steine zu hören und auf den Ton, den der Wind dort anstimmt, aber es bedeutet auch, sich die Seelen ihrer früheren Bewohner günstig zu stimmen und ihre besten Interpreten anzuhören, wie Dennis und Lady Hamilton Gray es im Herzen Etruriens taten. Huxley rät außerdem dazu, und auch dies gehört bei genauer Betrachtung zu den Konventionen des Märchens, sich einem weisen und vorsichtigen Führer anzuvertrauen. Vielleicht lassen gerade darum noch die am stärksten modernisierten oder geschändeten Städte einen Riß, eine Öffnung erkennen, durch die man einen besonders intensiven Moment ihres vergangenen Lebens, einen unerfüllten Traum, ein vergessenes Gesicht erkennen kann. Die Städte, die wir wiederzuentdecken versuchen, sind natürlich mit den Sinnen wahrnehmbar, als Form, Atmosphäre, Stil, Geschichte, Farbe. Trotzdem könnten wir den Blick ebensogut auf äußerst flüchtige Städte richten, von den Proustschen Städten des Herzens über die idealen Städte der Renaissance bis zu den utopischen Städten. »Wie ein Schwamm tränkt sich die Stadt mit dieser aus den Erinnerungen zurückfließenden Welle und dehnt sich aus« – dieser Gedanke Calvinos über eine unsichtbare Stadt macht die wirklichen Städte sichtbarer.

Wegen der Verletzlichkeit vieler alter Städte Italiens, die unter dem Ansturm des modernen Lebens und des heutigen Tourismus leiden, öffnet sich im Reisebuch die Schere zwischen der märchenhaften Reiseerzählung und der traurigen Bestandsaufnahme des gegenwärtigen Zustands noch weiter. Mit diesem Auseinanderklaffen beschäftigen sich wiederum andere literarische Formen, inbesondere die ruhmreiche Tradition des »Reiseessays«. Der Essay kann seinerseits zur Beschreibung von Städten und Landschaften werden, womit er einer bewährten romantischen Tradition folgt, die von Hazlitt bis Pater, Lear, Waugh, Douglas und Sitwell reicht, er kann aber auch eine prägnante ethische Bedeutung oder sogar die Wucht einer Anklage annehmen, ein rein italienischer Weg, der von Gadda bis Ceronetti reicht. Daran erinnert uns nachdrücklich ein kürzlich erschienener, dramatischer Aufruf zur Rettung der historischen Stadtzentren Italiens, den wir gerade dann erwähnen müssen, wenn wir versuchen, das Gesicht vieler anderer Kunststädte zu rekonstruieren:

»Jeden Tag beobachten wir den Verfall der Städte, in denen wir leben, und er vollzieht sich so schnell, daß er niemandem entgehen kann. Der Grund für diesen Untergang ist die Forderung, die alten Städte durch den Abriß alter Gebäude und eine Verschmelzung von Altem und Neuem den Notwendigkeiten des modernen Lebens anzupassen. Daß im Ausland dazu aufgefordert wird, die italienischen Städte zu besuchen, bevor sie nicht mehr wiederzuerkennen sind, ist eine Anklage an eine Gesellschaft, die kein Bewußtsein mehr von ihren Verpflichtungen zu haben scheint...«

In den fünfziger Jahren des letzten Jahrhunderts unternahm der Archäologe Austen H. Layard, der Entdecker von Ninive, eine Reise durch die Städte Mittelitaliens, um Fresken zu beschreiben, von denen man annahm, daß sie schon in wenigen Jahren verschwunden sein würden, Fresken von Piero della Francesca, von Masaccio, Giovanni Santi und Nelli. Ruskin schrieb, er wolle »soweit es mir möglich ist, die Warnung erfassen, die mir jede einzelne dieser siegreichen Wellen auszusprechen scheint, die unerbittlich wie die Schläge einer Totenglocke gegen die Steine von Venedig schlagen«.

Wir haben mit den folgenden Porträts versucht, das Gesicht der Städte Italiens, in denen die eigentliche Identität dieses Landes bewahrt ist, wiederzufinden. Sie sollen vor allem ein Tribut an diejenigen Fremden sein, die den Kult dieser Städte verbreitet haben und ihn immer noch sehr lebendig erhalten, doch sie möchten auch eindringlich an das erinnern, was die alten Reisebücher lehren, daß nämlich jede Begegnung mit einer historisch oder künstlerisch bedeutenden Stadt immer nur eine ganz persönliche Entdeckungsreise und ein Zeichen des Respekts sein kann.

Was wir alle lernen müssen, ist, daß die Städte, die alten wie die modernen, als individuelle Orte aufgefaßt werden wollen, jede mit besonderen Merkmalen, einer eigenen Physiognomie und Persönlichkeit, und nicht wie abstrakte Räume, wo die blinden Kräfte der Wirtschaft und Politik sich ungehemmt entfalten dürfen, oder wie Schulräume, wo Horden von Schülern grübelnd hin- und hergehen können. Den Geist des Ortes zu achten heißt nicht, alte Vorbilder zu verewigen; es heißt, die Eigenart eines Ortes hervorzuheben und sie von Mal zu Mal neu zu interpretieren, indem man ihre Sprache und ihren verborgenen oder nur schlafenden Zauber wiederfindet.

Der Faden der Ariadne

Die alten Städte Mittelitaliens zu besuchen, sagte Henry James, bedeutet das Eintauchen in ein tiefes, köstliches Bad alter Kultur. Heute blickt man auf solche Städte, wie man auch Romanfiguren aus vergangenen geschichtlichen Epochen betrachten würde, aber man sieht sie durchaus auch als lebendige Teile der modernen italienischen Welt. Ihr Reiz liegt in der intakten Gesamtkomposition ihrer Gebäude und im Zusammenspiel der unterschiedlichen Stile, doch ohne die ausdruckslose Starre der Museumsstädte. Es ist oft darauf hingewiesen worden, wie selten es sei, daß dasselbe Gebiet in seiner ganzen Geschichte vom antiken Etrurien bis zur modernen Toskana – doch die Beobachtung kann auf einen weiteren Umkreis ausgedehnt werden – zu einer unerschöpflichen Quelle der italienischen Kultur werden konnte. Ihr vornehmstes, beständigstes, geschlossenstes Zeugnis aber sind die Hügelstädte.

Ihre Wiederentdeckung verdankt sich der romantischen Begeisterung für die freie Gemeinde, in der komplexen historischen Bedeutung des Wortes, und damit, besonders aus ausländischer Sicht, dem großen Interesse an den ruhmreichen wie den unrühmlichen Zeiten der Signorien und Fürstentümer. Zudem haben die Ablagerungen der etruskischen und danach der römischen Zeit aus diesen Städten in den meisten Fällen regelrechte Palimpseste der Kunst und Geschichte gemacht. Die Neubewertung der Kunst der »Primitiven« und besonders der gotischen Architektur hat das ausgeprägt eigene Gesicht der Städte enthüllt, das jedoch durch jeweils unterschiedliche örtliche Ansiedlungen, Stile und Materialien fortdauernder Veränderung unterlag. An den Hügelstädten fasziniert am meisten, daß sie wie perfekte, selbstgenügsame Urbilder der Stadt erscheinen. Die Art, wie sie sich in die abwechslungsreiche, klar umrissene Hügellandschaft einfügen, die Eigenheit der Formen und Stile, in denen sich eine fleißige Gemeinde oder ein kunstsinniger Hof ausgedrückt haben, ihr gleichzeitiges Sich-Präsentieren und Verbergen auf den Gipfeln, Rücken oder Flanken der Hügel und Berge, das alles sind Merkmale, die aus vielen Städten der Toskana, der Marken und Umbriens Schöpfungen einer harmonisch mit der Geschichte und der Landschaft in Einklang gebrachten Vorstellungskraft machen.

Durch ihre geschickte Anpassung an die natürliche Umgebung erlangen die Hügelstädte eine beherrschende Rolle, die manchmal aber auch mit Entfremdung verbunden ist, wie bei den einsamen Felsen, auf denen die Städte Orte oder Civita di Bagnoregio liegen. Umgekehrt können sie verbindende Funktionen erfüllen wie Siena, das drei verschiedene Gebirgskämme zusammenschließt und in dem drei Hauptstrecken aus unterschiedlichen Richtungen zusammentreffen; oder wie Urbino, das die beiden gleichhohen Hügel, an denen es sich emporrankt, zu einem Bergsattel verbindet. Wenn es sich um einen Berg handelt, der zu hoch für eine Ansiedlung auf dem Gipfel oder dem mächtigen Bergrücken ist, steigen die Städte terrassenförmig an den Abhängen herunter, wie Assisi, Cortona oder

Gubbio, und bilden großartige Beispiele für Städte mit Aussicht und nicht minder faszinierende Stadtansichten.

So auffällig ist das Siegel, das sich jede einzelne Stadt durch ihr eifersüchtiges Wachen über die eigene politische, künstlerische und religiöse Autonomie aufgeprägt hat, daß die Hügelstädte dem Fremden auf den ersten Blick fast unwirklich erscheinen müssen, als wären sie Orte der Sehnsucht. Genau das geschieht auf dem Höhepunkt eines sehr lesenswerten Reiseberichts, den Camus in seinem Notizbuch festgehalten hat:

>Doch vor allem, vor allem möchte ich noch einmal zu Fuß, den Beutel auf dem Rücken, über die Straße von Monte San Savino nach Siena gehen, vorbei an diesen Feldern mit Oliven und Wein, deren Duft ich wieder rieche, über diese Hügel aus bläulichem Tuffstein, die sich bis zum Horizont erstrecken, dann Siena mit seinen Minaretten im Sonnenuntergang auftauchen sehen wie ein Konstantinopel der Vollkommenheit, in der Nacht ankommen, ohne Geld und allein, neben einem Brunnen schlafen und der erste auf der Piazza di Campo sein, die die Form einer Palme hat, wie eine Hand, die das Größte anbietet, was der Mensch nach Griechenland je geschaffen hat.<

Inzwischen ist es zu einem Gemeinplatz geworden, mit dem sogar Mißbrauch getrieben wird, alternative Routen und die Wiederentdeckung kleiner Städte vorzuschlagen. Von einem bloßen Abhaken der Sehenswürdigkeiten einer bestimmten Gegend muß man dahin gelangen, in ihnen einige der Reaktionen wiederzuerkennen, die manche Städte und Landschaften bei Menschen ausgelöst haben, die sie mit eigenen Augen und einem persönlichen Geschmack zu betrachten wußten. Mit seinem typischen, hintergründigen Stil hätte James gesagt, daß das von den Geistern abhängt, die man beschwört. Gestern war es Huxley, heute sind es Nooteboom oder Saramago, die uns zu bedenken geben, daß die Reise in eine Stadt eine Reise in die Zeit und in die Geistesgeschichte ist, und daß sie immer in Begleitung von ein oder zwei Schatten unternommen wird. Also sollte der Reisende von heute bei der Erkundung von Orten so vorgehen, daß er den Faden der Ariadne aufnimmt, den ihre ersten Entdecker schon abgewickelt haben, um sich dann an die Wiederentdeckung der Entdeckung zu machen. Auf dem Höhepunkt dieses Weges werden die wiederentdeckten Städte gleichzeitig real und irreal sein, aus Fels und Ziegelsteinen gemacht, doch auch aus der weniger handfesten Materie der Phantasie, des Wunsches, des Traumes. Sie werden sich uns robust wie fest ummauerte Ortschaften und unsichtbar wie die Städte Calvinos zeigen, liebenswürdig und verletzlich wie eine Blume und verschlossen und feindselig wie eine Auster. Es ist das Schlupfloch der Einbildungskraft, durch das wir aus dem Umkreis banaler, traditioneller touristischer Ortsbeschreibungen ausbrechen können.

Die Wiederentdeckung dieser außergewöhnlichen Orte, in denen viele Stimmen, Gefühle und Bilder einander wie Schichten überlagern, hat einmal mehr verdeutlicht, wie anders es sich bei den großen Städten verhält, die den Blick des Reisenden schon durch ihr erstes anonymes, gleichförmiges Erscheinungsbild zu verwirren scheinen. Was daher mit jedem dieser Rundgänge innerhalb der Stadtmauern skizziert werden soll, ist eine Reise in die Vergangenheit, als Versuch, die Städte neu zu entdecken. Die Reise beginnt nicht ohne Grund bei den heute verschwundenen Stadtansichten – der von ihrem Ruhm gerahmte erste Blick auf die Stadt bedeutete einst, den Zielort in Besitz zu nehmen –, das heißt, wir beginnen bei dem dramatischen Verlust (in günstigeren Fällen bei dem Erhalt) der allerersten Erkennungsmerkmale für die Eigenart einer Stadt, mit denen sie uns zeigt, wie gut oder wie schlecht sie sich mit ihrer Geschichte gewordenen Gestalt in einem geschlossenen Talkessel oder an der gezackten Linie des Horizonts präsentiert. Wie unzugänglich sie sich auch von weitem zeigt, ist es nicht ausgeschlossen, daß wir schließlich mit Hilfe eines gewitzten Besuchers von gestern oder heute einen Weg in die Stadt hinein finden, einen Geheimpfad durch die anonymen Randgebiete, der uns bis ins Stadtzentrum bringt. Andere Städte mittlerer Größe treffen wir dabei an, wie sie eifrig mit der Verteidigung

ihrer Identität beschäftigt sind, die sich in jeweils unterschiedlich angeordneten Straßen und Gebäuden ausdrückt, rational
wie über ein Schachbrettmuster verteilt, oder verschlungen
wie steinerne Labyrinthe. Die historische Würde, das intakte
Gefüge des alten Stadtkerns und der erhaltene Grundriß solcher Städte stimmen den Leser oder den Wanderer besonders
gut darauf ein, das wahrzunehmen, was man wohl eine der
letzten Fiktionen nennen könnte: den *genius loci*.

Zum größten Teil unbekannt und kaum in andere Sprachen
übersetzt, können die wertvollen Zeugnisse unserer Führer
und topographischen Lehrmeister, der Reisenden von gestern
und vorgestern, uns unveränderte Ausblicke und unbekannte
Perspektiven auf die besuchten Städte enthüllen. Manchmal ist
es tatsächlich der Geist des Ortes – seine unverwechselbaren,
charakteristischen Merkmale –, der dabei zum Vorschein
kommt. In einer Zeit, in der die Landschaft sofortigen Genuß
bieten muß, wo keiner mehr warten und die Vorfreude auskos-
ten möchte, mag es liebenswert veraltet erscheinen, wie lange
und umständlich unsere Reisenden die ersehnten Städte um-
werben. Es gibt jedoch genug Gründe, die dazu einladen, aufmerksam in diesen privaten Geographien zu lesen, denn hier
kann man lernen, einen Ort zu begreifen, ein Bild von ihm zu
entwerfen, sich auf sein Gesicht zu freuen und ihn, im Wett-
streit mit denen, die vor uns dort waren, mit Feingefühl und
Takt zu besuchen. Denn diese phantasievollen Wanderer sind
uns nicht nur zeitlich sehr nahe, sie sprechen auch in einer
Sprache zu uns, die ein wirksames Gegengift gegen die Gleichmacherei und den Identitätsverlust, gegen den Niedergang
und den Verschleiß der Orte bilden kann, die dem Gedächtnis
der westlichen Kultur die liebsten sind. Zusätzlich können sie
im Besucher jenes Vorstellungsvermögen, jene schöpferische
Einbildungskraft anregen, die ein eiliger Tourismus und seine
sterilen Führer immer mehr zum Verschwinden bringen.

John Ruskin, *Ansicht von Assisi*, um 1860

Wie die Akropolis eines mystischen Athen

Schon die Umgebung Assisis verführt den Reisenden, der sie von Perugia oder von der Straße nach Foligno aus betrachtet. Bereits von weitem erkennt man Assisi als eine mittelalterliche Hügelstadt, die jedoch nicht auf einem Berggipfel oder auf dem Sattel zwischen zwei Hügeln kauert, sondern sich, terrassenförmig absteigend, an die Flanke des Berges schmiegt, ohne bis ins Tal hinunterzureichen; ein weißes Band aus Gebäuden, die sich um den Hang des Subiaso schlängeln, wie Jørgensen es ausdrückt. Diese Lage prägt die beiden Hauptmerkmale Assisis: es bietet den Anblick einer gut erhaltenen römischen und später mittelalterlichen Siedlung – das Franziskanerkloster mit seiner gewaltigen Strebemauer erschien Suarès wie die Akropolis eines mystischen Athen –, und es schenkt von seinen natürlichen und künstlichen Terrassen aus unvergleichliche Ausblicke auf das darunterliegende Tal. Ungeachtet des gegenwärtigen Massenansturms ist das Glück (oder Unglück), das der Tourismus für Assisi bedeutet, erst relativ jungen Datums. Dem heutigen Besucher kann einer der größten Kenner Italiens und der Tradition der Italienreise, Gabriel Faure, von der unbedeutenden Stellung Assisis in den Annalen der Bildungsreise berichten. Früher nämlich inspirierte diese heute so berühmte und gepriesene Ebene Umbriens die Schriftsteller, die sie besuchten, überhaupt nicht: Montaigne widmete ihr nur wenige Zeilen, als er auf dem Weg nach Ancona in Foligno haltmachte, ohne sich zu einem Aufstieg nach Assisi zu bequemen; der Präsident de Brosses stieg gar nicht erst aus der Kutsche und betrachtete die Landschaft vom Wagenfenster aus. »Man hüte sich davor«, schreibt er, »nach Assisi zu reisen, wenn man die Wundmale Christi wie alle Teufel der Hölle fürchtet.« Goethe bemerkte lediglich einen Minervatempel in der Stadt des heiligen Franziskus, und sogar Stendhal spricht nicht über die Strecke, die er nahm, als er von Rom nach Perugia zurückkehrte. Auf der Hinfahrt war er nicht einmal nach Umbrien hineingefahren und hatte sich, als er sich unter einem romantischen Vollmond schlafen legte, damit begnügt, zerstreut »die Überreste jener Städte des alten Etrurien« zu betrachten, die »immer noch auf dem Gipfel mancher Anhöhen liegen«. Wie viele andere Hügelstädte Mittelitaliens wurde auch Assisi erst relativ spät, um die Mitte des vergangenen Jahrhunderts, entdeckt. Dann verbreitet sich sein Ruhm jedoch innerhalb weniger Jahre und führt schließlich zu überwältigenden Besucherströmen. Zwei Faktoren waren bestimmend für dieses günstige Geschick: die historische und ästhetische Aufwertung der gotischen Kunst oder, wie man damals sagte, der Kunst der »Primitiven«, und die Anziehungskraft der franziskanischen Bewegung. Die Neueinschätzung der Gotik führt vor allem dazu, daß man Assisi als eine außergewöhnlich reizvolle Stadt mit unversehrt erhaltenen kunsthistorischen Dokumenten entdeckt. John Ruskin, der wichtigste Anreger dieser Revolution des ästhetischen Geschmacks, hält sich 1874 lange in der Stadt auf, um verschiedene Ansichten ihrer Architektur zu zeichnen. »Diese Steinmetze sind imstande, jedes beliebige Wesen darzustellen, das beißt, zerfleischt, verschlingt, vernichtet«, bemerkt er angesichts der Kirche San Rufino, »und die einzige Vorstellung von der Muttergottes ist die einer mächtigen Kreatur, die stillt.« Schon früher, im Jahre 1863, beschrieb T.A.Trollope, ein Engländer aus Florenz, ironisch das Entstehen eines unaufhörlichen Zustroms an Besuchern, die die traditionellen Kriterien des Geschmacksurteils hinter sich gelassen hatten und von ganz neuen ästhetischen Orientierungen getrieben wurden: »Wer möchte nicht nach Assisi reisen«, fragt sich Trollope, »von denen, die im Gefolge neuer Moden ihre Verzückung angesichts des ›correggiohaften‹ von Correggio durch ein neues Interesse am ›giottesken‹ von Giotto ersetzt haben?«

A. Pisa, *Basilica superiore di San Francesco*, 1904

Wie so häufig in der Geschichte fällt die von einem großen internationalen Echo begleitete Neubewertung Assisis, seiner Kunst und seiner Frömmigkeit, paradoxerweise in eine Zeit, in der schwerwiegende Eingriffe in das Stadtbild stattfinden. Die gleichen Besucher, die die stilistische Einheitlichkeit der Stadt und die entsprechend faszinierende Atmosphäre loben, berichten auch von der vorübergehenden Umwandlung des Klosters San Francesco in ein Internat und von der Schließung einer großen Anzahl Kirchen, die wegen der Auflösung vieler Kultstätten nie wieder geöffnet werden sollten. Der Bau riesiger Hotels seit 1868 – das Subiaso, Giotto, Windsor-Savoia – zeigt keinen großen Respekt vor der landschaftlichen Umgebung, in die sie hineingesetzt werden. Mit seinem charakteristischen Takt und dem gewohnten, ironischen *understatement* merkt Henry James im Jahre 1873 an, daß direkt neben der Basilika des heiligen Franziskus ein brandneues Hotel aufragt. »Ich wüßte nicht zu sagen,« fährt James fort, »ob der unglaubliche Mangel an Komfort, der diesen Ort kennzeichnet, seine Unverschämtheit mildern könnte, aber ich muß bekennen, daß ich mich hier einquartiert habe, und daß der weite Rundblick, den man vom Fenster meines Zimmers aus hat, nur schwer von dem zu übertreffen ist, was man von der Galerie des Klosters aus sieht.«

Zu Beginn des Jahrhunderts, wir schreiben das Jahr 1904, zieht René Schneider, Verfasser eines sehr lebendigen Berichts über seine Reise durch Umbrien, eine erste Bilanz der Geschicke von Assisi und der Rolle, die die Hotels dabei spielen. Der gebildete Tourismus, der die großen Hotels füllt, hält sich einige Tage lang in der Stadt auf. Eingeplant sind ausführliche Besichtigungsgänge, die oft auch die Umgebung einbeziehen und eine fruchtbare Begegnung mit dem Geist dieses Ortes ermöglichen.

Die Engländer, die in diesem süßen und ein wenig verschleierten Umbrien verweilen, schreibt Schneider, beten die Kunst der »Primitiven« an. Sie kommen her, um die Toskaner zu suchen, Giotto und die Giotto-Schüler, sodann die umbrischen und sienesischen Renaissancemaler. Seit der Zeit der Präraffaeliten sind sie verrückt nach dieser Naivität, dieser Tiefe des Gefühls. Die Ausstellung der umbrischen Kunst 1907 in Perugia, die den »Primitiven« gewidmet war, wurde zu einem internationalen Ereignis, wie drei Jahre zuvor die Ausstellung in Siena über die alte sienesische Kunst. Die englischen Kunstkritiker haben zahllose Werke über sie geschrieben, von denen viele, in weiches Rindsleder gebunden, und vor allem außergewöhnlich reich illustriert, die Bibliothek des Hotels Subiaso füllen.

In dieser kostbaren Bibliothek, deren Atmosphäre so »intim wie ein Heiligtum« sei, so der Kommentar Schneiders, der sich hier auf den anderen Hauptgrund für die Anziehungskraft Assisis bezieht, läßt sich ein deutliches Echo der Franziskuslegende vernehmen. In der zweiten Hälfte des 19.Jahrhunderts erlangte diese Legende neue Bedeutung und verbreitete sich, als sie mit ihrer ganzen mystischen Kraft enthusiastisch gegen die Geisteshaltung einer positivistischen Kultur ins Feld ge-

Nelly Erichsen, *Tempel der Minerva*, 1900

führt wurde. »Es lassen sich in Europa nur sehr wenige Beispiele für Orte nennen, die, wie Assisi, so ganz und gar von der Gegenwart eines einzigen Menschen durchdrungen sind und als Folge und Verewigung seines Andenkens existieren«, bemerkte Trollope 1863. Viele katholische Schriftsteller haben über Assisi und seinen Heiligen geschrieben, doch das Werk, das seinen Ruhm in der ganzen Welt verbreitete, ist das *Leben des Heiligen Franziskus* des calvinistischen Pastors Paul Sabatier aus dem Jahre 1893. Von den Büchern über franziskanische Klöster und Einsiedeleien werden viele zu wertvollen Führern, eine Entwicklung, die 1905 in dem Text von Beryl de Selincourt, *Homes of the First Franciscans*, gipfelt. Er empfiehlt dem Reisenden einige Varianten der frommen Pilgerstrecke, die von Assisi einmal in das nördliche Tibertal, ein anderes Mal über den Bergrücken in die Region Marken oder auch in Richtung südliches Umbrien und Latium führen kann. Zu Beginn des 20. Jahrhunderts weist Edith Wharton dann mit einem Anflug von Bedauern darauf hin, daß Assisis Anziehungskraft sich ausschließlich auf seine franziskanischen Zeugnisse gründet: »Seit langem macht man Goethe zur lächerlichen Karikatur eines Kunstliebhabers, weil er nach Assisi kam, um den römischen Minervatempel zu sehen und es versäumte, die Basilika des heiligen Franziskus zu besuchen; doch wieviele Besucher begeben sich heute in die Basilika und vernachlässigen den Tempel?« Mit einem etwas vorbehaltloseren Blick unterstreicht Hermann Hesse 1907 die Gründe für die Faszinationskraft der umbrischen Stadt: »Ich sah Assisi verklärt vom Glanz und vom Zauber, den der heilige Franziskus und die alten Kunstschätze Umbriens dieser Erde eingeflößt haben.«

Für die heutigen Besucher, für die Stadt selbst, bleibt ein anderes, viel drängenderes Problem ungelöst. Assisi ist mit seinen Kunstschätzen und seinen Zeugnissen des Glaubens zu einem Symbol geworden und zieht als solches Touristenströme an, die in keinem Verhältnis zu seiner Größe stehen. »Wenn ich die Schlangen englischer Ästheten und amerikanischer Snobs sehe, die ich nach Assisi gelockt habe«, schrieb Paul Sabatier,

»bereue ich es fast, das *Leben des Heiligen Franziskus* geschrieben zu haben«. Was hätte er zu den jetzigen Pilgerscharen, den Schulausflügen, den großen religiösen Versammlungen, den folkoristischen Darbietungen gesagt? In den fünfziger Jahren unseres Jahrhunderts mahnte Guido Piovene, die wahren Feinde Assisis seien »die Autos und mehr noch die Busse. Jeden Tag kommen Touristen an, und es werden immer mehr, doch sie unterstehen dem Regime des Reisebusses, der nur ein paar Stunden anhält, fast immer zwischen zwei Mahlzeiten.« Die einzig mögliche Antwort auf diese Probleme (in denen sich die Schwierigkeiten spiegeln, die alle bedeutenden Kunststädte teilen), ist eine ganz neue Form des Umgangs mit dieser Stadt. Ein Besuch, der sich zunächst bewußt macht, daß das heutige Assisi auch aus der leidenschaftlichen Bewunderung früherer Reisender hervorgegangen ist, die seinen bleibenden, überwältigenden Mythos mitgeschaffen haben. Darum machen wir sie, als gehörten wir selbst zu den Reisenden früherer Zeiten, zu unseren Begleitern und Stadtführern auf einem Weg durch die geschichtsträchtigen Straßen Assisis, immer im Bewußtsein, daß in dieser Stadt die Bewegung im Raum gleichzeitig ein Zurückgehen in der Geschichte des Denkens, des Glaubens und des künstlerischen Ausdrucks ist. Schließlich läßt sogar ein so galliger Satiriker wie Guido Ceronetti einen Hoffnungsschimmer aufscheinen, wenn er behauptet: »Obwohl es so verlogen ist, bleibt Assisi federleicht; obwohl so mit Massen vergiftet, einsam. Es hat an Ansehen verloren, aber die Luft hält zu ihm.«

Die einzigartige, aus vielen Gründen beneidenswerte Lage Caglis ist in den Landschaftsbeschreibungen und Chroniken der Vergangenheit nicht unbemerkt geblieben. Minguzzi zum Beispiel, Schöpfer eines schönen Albums mit Aquarellen, Landschaftsansichten aus den Marken, beschreibt die Stadt 1626 folgendermaßen: »Lateinisch Calle genannt, vielleicht nach der Enge der Straße, die an diesem Ort sehr schmal wird«, sei Cagli gleichzeitig von hohen, mächtigen Bergen umgeben und »von zwei Flüssen umgürtet, die in den Metauro fließen«. Daher seine in gewisser Weise paradoxe Gestalt: es ist eine ebene Stadt, »obgleich auf dem Rücken des Berges gelegen« und eine Gebirgsstadt, obwohl sie wie eine Insel vom Wasser umschlossen ist. Nicht zufällig zählt der Chronist typische Erzeugnisse einer Gebirgslandschaft auf: »Die Einwohner behelfen sich mit der Herstellung von Wolle und Fellen, und die Gegend ist reich an Milchprodukten, Schwarzdorn und Schnecken«, aber es fehlt auch nicht an Fischen aus dem Fluß.

Die Geschichte stand der Natur in nichts nach und hat sich gegenüber dieser Gegend ebenso großzügig wie grausam gezeigt. Aus der römischen Antike, in der sie wichtige Verkehrsadern durchzogen, bleiben eindrucksvolle, zum Straßennetz gehörende Bauten, und nicht weniger bedeutende Zeugnisse erinnern den Reisenden an die lange Herrschaft der Grafen Montefeltro und della Rovere. Von dieser Epoche zeugen die umliegenden Festungen und Kastelle auf den höchsten Punkten der Hügel, die die Unbilden des Wetters und die Achtlosigkeit der Menschen recht und schlecht überlebt haben. Doch ausgerechnet Caglis Lage direkt an der Via Flaminia und überdies in einer strategischen Position zwischen dem Scheggia-Paß und der Klamm des Furlo, von wo aus sich die Täler des

Ansicht von Cagli. Anonymer Stich, 1693

Burano und des Bosso überschauen ließen, hat die Stadt den gnadenlosen Stürmen der Geschichte ausgesetzt. Die Ereignisse gipfelten darin, daß Guidobaldo da Montefeltro, der Graf von Urbino selbst, die Burg des Francesco di Giorgio gezwungenermaßen zerstören ließ, um zu verhindern, daß daraus eine uneinnehmbare Feste des Valentino wurde.

Cagli strahlt die heitere und elegante Atmosphäre eines kleinen Hofes zwischen den Bergen des Apennin aus. Der fast unversehrte Mauerring, der mächtige Wachturm, der früher eine geheime Verbindung zur darüberliegenden Burg hatte, und die schönen Stadttore führen in ein winziges, wohlgeordnetes Universum aus einander immer rechtwinklig kreuzenden Straßen, das die klare Geometrie seines Grundrisses der wilden Natur mit ihren brausenden Gewässern und den drohend aufragenden Bergen entgegensetzt. Zwischen Gubbio und Urbino gelegen, dem es in historischer und künstlerischer Hinsicht viel verdankt, zeigt Cagli ein ganz eigenes Gesicht, das mit dem ihrer Schwestern – den anderen Hügelstädten – nichts gemein hat. Wenn wir den vorherrschenden Eindruck Caglis und seiner Umgebung in einer Formulierung zusammenfassen müßten, würden wir sagen, daß die Stadt etwas von einem Ritterepos besitzt. Ein luftiger und phantastischer Eindruck, den der Wanderer von der großartigen Landschaft und von der unaufhörlichen Geschäftigkeit des Wassers empfängt, das »sich in die hohen Gipfel der Berge frißt und die Sockel der großen Felsen abnagt und bewegt«, wie Leonardo sagte. Dieser Eindruck wird jedoch gemildert von der rationalen Eleganz der städtischen Anlage mit ihren schön proportionierten Plätzen und den Wohnhäusern des Adels, darunter der Palazzo der Brancaleoni, der heutigen Rapa, mit seinem diamantförmigen Mauerschmuck.

Wie so häufig in diesen Fällen sind die Zeugnisse der reisenden Fremden überreich an außerordentlich frischen Eindrücken. Beispielhaft ist eine Stelle aus einem 1913 erschienenen Reisebericht von Edward Hutton, der mit einer köstlichen Schilderung eines schönen Gasthofes in Cagli beginnt und dann zu einem richtigen Führer durch die Stadt wird, die damals für den gebildeten internationalen Tourismus eine Fundgrube für Kunstwerke darstellte. Darunter sollte wenigstens das Fresko in der Tiranni-Kapelle von San Domenico erwähnt werden, das von Giovanni Santi, dem Vater Raffaels, stammt, der hier Oratorien und Kapellen zwischen den blauen Hügeln und den waldigen Schluchten um Urbino ausmalte. Nicht minder lohnend ist die Erinnerung an berühmte Künstler aus Cagli und andere Persönlichkeiten, die in dieser Stadt geboren wurden. Wir denken zum Beispiel an den Maler Gaetano Lapis und an den »Hofnarr« Atanagi. Ersterem verdanken wir hervorragende Gemälde, auf denen die wichtigsten Episoden des *Befreiten Jerusalem* von Tasso dargestellt sind. Letzterer hat uns mit seinem Tagebuch eines der interessantesten Zeugnisse über das Leben am Hof der Stadtfürsten des 16. Jahrhunderts hinterlassen, beschrieben aus dem Blickwinkel eines Untergebenen.

Die touristische Entdeckung Caglis, die mit dem Aufkommen neuer, an kleineren Städten und weniger befahrenen Strecken interessierten Reisegewohnheiten verbunden ist, verdankt sich auch bedeutenden Fachleuten für die Geschichte der Grafen von Montefeltro, wie Dennistoun oder Hofmann. Außerdem hat sie natürlich von der Öffnung neuer Eisenbahnstrecken und der Anpassung der Straßen an moderne Fahrzeuge profitiert. Im letzten Jahrzehnt des 19. Jahrhunderts bemerkt ein englischer Reisender, als er, von den Marken kommend, Cagli hinter sich läßt: »Damit ist die wirklich sehr interessante Reise durch das *wahre Herz* Italiens beendet, ein seltsames, wildes Land, das wenig bekannt ist und noch weniger von Fremden besucht wird.«

Von den Städten, die an den großen historischen Reisestrecken entstanden sind, heißt es allgemein, sie seien durch
die Straße geschaffen. Loreto dagegen ist eine Stadt, die mit
ihrem späten und zufälligen Entstehen den wichtigsten Reiseweg der europäischen Kultur zu sich hingezogen hat. Ein Blick
auf die italienische Etappe der *Grand Tour* offenbart die wesentliche Rolle, die Loreto dabei spielt. Es gibt keinen Reisenden, der hier nicht für einen oder mehrere Tage Halt machte.
Wenn er aus Rom kommend auf der Rückreise ist, nimmt er die
Straße nach Spoleto und Foligno, um nach der Überquerung
des Colfiorito-Passes über Tolentino, Macerata und Recanati
weiter nach Norden zu fahren. Wenn er umgekehrt die Adriaküste entlang nach Süden fährt, wendet er sich hinter Ancona
direkt dem Hügel zu, auf dem Loreto liegt, um danach in Richtung Foligno weiterzufahren. Loreto stellt für den europäischen Reisenden vom 16. bis zum 19. Jahrhundert in jedem Fall
eine obligatorische Station dar. Im Verlauf der Jahrhunderte
ist Loreto immer als eine ganz besondere Stadt aufgetreten,
eine Stadt, die wie durch ein Wunder – das muß erwähnt werden – aus dem Nichts entstanden ist, um eine bedeutende Re-
liquie der christlichen Tradition zu bewahren. Eine Stadt als
Reliquienschrein also, aber auch eine Festungsstadt, neben der
seit dem 16. Jahrhundert die »neue Stadt« steht. Der erste Sied-
lungskern entstand gegen Ende des 13. Jahrhunderts mit der
Ausbreitung der frommen Verehrung für Loreto, doch von
einem richtigen Dorf kann man erst mehr als hundert Jahre
später sprechen. Die Kirche, die das »Heilige Haus« enthält,
das angebliche Wohnhaus Marias in Nazareth, wird dort errichtet, wo der Rücken des Monte Prodo endet, dem Meer zu-
gewandt, zwischen dem Flußtal des Potenza auf der einen und

dem des Musone auf der anderen Seite. Der Bergrücken wird der Zugangsweg zum Heiligtum, an diesem Weg entstehen die ersten Wohnhäuser und Herbergen für die Pilger. Heute bildet er die Hauptstraße durch die Stadt. Die alte Via dei Coronari – heute heißt sie Corso Boccalini – wird auf der weniger abschüssigen Seite des Berges von einer anderen Straße mit dem vielsagenden Namen Via delle Stalle flankiert, der Name wurde dann in Via Asdrubali geändert. So entstand die »alte Stadt«, die man ab 1518, als die ersten Reisenden auftauchten, mit einem robusten Mauerring zu umgeben begann, um sich vor den Überfällen der Piraten zu schützen. Wie die Reisenden berichten und zeitgenössische Stiche zeigen, wird diese Stadtmauer als Umfriedung eines Stadtkerns angelegt, der von der Festung, die gleichzeitig Kirche ist, und vom Apostolischen Palast beherrscht wird. Der Mauerring, der den Komplex der Basilika umgibt und, vor allem auf der Ostseite, mit einer gewissen Elastizität um die Häuser der Altstadt geführt ist, wird an beiden Enden von zwei großen zylindrischen Wachtürmen gestützt, die durch bastionenbewehrte Kurtinen miteinander verbunden sind.

1550 verfaßte Leandro Alberti eine genaue Beschreibung der Lage der Stadt:

> »Alsdann erblickte ich zwischen Reccanato und dem Adriatischen Meer, unweit vom Mosone, auf einem Hügel den so oft gerühmten Tempel für die ganze christliche Religion, die Kirche Santa Maria di Laureto. Sie ist von einer starken Mauer umgeben, ebenso das Stadtviertel, wo viele Menschen leben, um die Fremden zu empfangen, die aus allen Gegenden Europas hierherkommen.«

Die neue Stadt wird 1586 geplant. Sie entwickelt sich auf dem Abschnitt der Straße aus Rom, der sich von der Anhöhe des Monte Ciotto bis zur Porta Romana, dem Eingangstor zur ummauerten Altstadt, erstreckt. Das von Papst Sixtus V. gewünschte großartige Projekt sieht einen schachbrettartigen Grundriß vor, als sollte der natürlichen Unregelmäßigkeit der

Landschaft ein Zeichen menschlicher Präzision aufgeprägt werden. Der neue Stadtkern erhält den Namen Monte Reale und erfüllt nicht nur repräsentative Funktionen, sondern übernimmt auch einen Teil der Beherbergungsplätze und Bewirtungsaufgaben der ummauerten Altstadt, später kommen verschiedene Handwerksstuben dazu. Unter den vielen Reisenden, die über die Stadt sprechen, ist der englische Botaniker John Ray, der uns im Jahre 1673 eine genaue Schilderung hinterläßt, wobei er die antithetische und doch seltsam zwillingshafte Gestalt der Stadt erfaßt: »Loreto erhebt sich auf einem Hügel und besteht aus einem ziemlich kleinen Flecken, der um eine einzige Straße innerhalb der Mauern entstanden ist, und aus einer außerhalb der Mauern gelegenen Vorstadt, ebenfalls um eine einzige Straße herum angelegt und ebenso groß wie die von den Mauern umgebene Stadt.« Mit ähnlichen Worten hatte der Bischof von Jesi die Stadtentwicklung 1620 beschrieben:

> »Die Stadt Loreto ist in zwei Teile geteilt. Der erste wird die Alte Stadt genannt..., der zweite folgt dem Entwurf, den der Hauptmann Pompeo Floriani aus Macerata im Auftrag von Sixtus V. anfertigte..., und dieser zweite Teil wird Neue Stadt genannt und füllt sich jeden Tag mehr mit Handwerkern und Bewohnern.«

Um die erforderlichen Investitionen für den Bau der neuen, auch »glückliche Stadt« genannten Stadt zu fördern, verpflichtet Sixtus V. alle Gemeinden der Marken dazu, ein eigenes Gebäude auf dem erweiterten Stadtgebiet zu errichten. Außerdem gewährt der Papst, um die zukünftige Stadtentwicklung zu sichern, denen, die ihren Wohnort in die neuerbaute Stadt verlegen, eine Reihe von Schenkungen und rechtlichen wie steuerlichen Begünstigungen. Wieder einmal werden die ausländischen Besucher zu aufmerksamen Zeugen der Initiativen, die das Wachstum der »glücklichen Stadt« fördern sollen, diesem einzigartigen Beispiel einer Stadt, die als Ergänzung und Zusatz der im heiligen Bezirk eingeschlossenen Altstadt entstanden ist.

John Warwick Smith, *Ansicht von Loreto*, 1799

Dem Reisenden, der nach Loreto kommt und die Piazza dei Galli – heute Piazza Giacomo Leopardi – betritt, ein die beiden Stadtteile verbindender Platz, stellt sich die neue Stadt als ein wohlgeordneter Raum dar, in dem einander rechtwinklig kreuzende Straßen die nüchterne Zweckmäßigkeit dieses städtebaulichen Prinzips unterstreichen. Es handelt sich um ein ästhetisch maßvolles, aber etwas harmlos und fast künstlich anmutendes Siedlungsmodell, das die einzige Sehenswürdigkeit des Ortes hervorheben soll, nämlich den Komplex des Heiligtums. Schon durch den Grundriß nach dem Modell des *castrum* mit einer Ausdehnung in die Längsrichtung wird die neue Stadt mit ihrer gerade auf die Porta Romana zulaufenden Hauptstraße zum prominenten Aussichtspunkt auf die Reliquienstadt und zu ihrem genau kalkulierten Präludium.

Während er sich auf seiner Rückreise aus dem Heiligen Land 1682 in Loreto aufhält, vermerkt der reiche und gebildete englische Pilger Ellis Veryard in seinem Tagebuch, daß die Päpste gewaltige Summen aufgewendet hätten, um zur Besiedlung des Gebietes um Loreto anzuregen. Sie trafen Vorkehrungen, die den Ort von den schädlichen Ausdünstungen der Sümpfe befreiten und gegen die Überfälle der Piraten schützten. »Man hat dies alles bewirken können«, schließt Veryard, »indem man den nahen Berg öffnete, die Sümpfe trockenlegte, die Wälder rodete, die Einwohner von den Steuern befreite und schließlich die Stadt befestigte.« Die Maßnahmen zur Urbarmachung, die der englische Pilger aufzählt, darunter besonders die Trockenlegung des Gebietes um die Mündung des Musone und entlang der Küste, müssen nicht weiter erklärt werden. Bei der »Öffnung des Berges« bezieht Veryard sich auf die Straße, die den Berg Monte Reale durchschneidet und in zwei Teile teilt. Sie wurde angelegt, damit sich die Luft mit den Luftströmungen vom Apennin mischt, und sowohl die alte als auch die neue Stadt zu gesünderen Orten wurden.

Der Anblick, den die Umgebung von Loreto dem Besucher bietet, der sie während des Aufstiegs auf den Berg oder von den Stufen des Heiligtums aus betrachtet, ist das gelungene Ergebnis einer langwierigen Urbarmachung und landwirtschaftlicher Maßnahmen. Die Vielfalt der Mischkulturen, die die sanft gerundeten Hügel in der Region Marken überziehen, die verstreuten Bauernhäuser und »Landvillen«, die Reihen aus Maulbeerbäumen, die Girlanden aus Weinreben und die daruntergemischten Olivenhaine sind die vorherrschenden Merkmale einer Landschaft, die an der Schwelle zum 18. Jahrhundert schon Rogissart ausrufen ließ, dies sei »einer der schönsten Anblicke«, die er jemals gesehen habe, »…zwischen einer Unmenge kleiner Berge, jeder von einem kleinen Kastell gekrönt«. Die Lektüre der Reiseberichte gleicht einer Betrachtung von Stichen der ländlichen Umgebung Loretos oder dem Blättern in zeitgenössischen Skizzenblöcken mit Reisebildern. In den Augen vieler Besucher erscheint diese Gegend um Loreto und Recanati wie eine aufgeklärte, strahlende Natur, die schon lange ein intensives Gespräch mit der Kultur und der Geschichte führt, als hätte sie sich für den Pinsel Poussins, Claude Lorrains oder des hier beheimateten Foschi vorbereiten wollen. Sogar die Details im Vordergrund ihrer Bilder – der Dorf-

William Brockedon, *Loreto aus der Ferne gesehen*, 1820

bewohner, der einen Maulbeerbaumzweig ergreift, oder die gelegentliche Silhouette eines Bauern – berufen sich auf eine bewährte ikonographische Tradition und offenbaren eine gebildete Lektüre der Landschaft.

Wenn es einen vorherrschenden Eindruck gibt, der nach dem Anhören vieler Stimmen in unterschiedlichen Sprachen bleibt, dann ist es der unwillkürliche Respekt, den das Heiligtum mehr noch als die dort stattfindenden religiösen Handlungen und Veranstaltungen bei den meisten Besuchern, die reformierten Kirchen angehören, hervorruft. Das Verhalten der Protestanten, aber auch der Nichtgläubigen, variiert von einer Epoche zur anderen und stellt ein interessantes Barometer der Geschichte dar. Und die Geschichte klopft mehr als einmal an die Türen des Heiligtums, wie uns die Reisenden zeigen. Wer den blitzenden, nahezu nach Schwefel riechenden

Abschnitt über diese Stadt von Fynes Moryson liest, wird über die ausdrückliche Bosheit des Verfassers entsetzt sein, der »von religiösem Schrecken gepackt« davon erzählt, daß er unfaßbaren, exorzistischen Praktiken beigewohnt habe. Doch wir dürfen nicht vergessen, daß die Protestanten, die gegen Ende des 16. Jahrhunderts nach Italien reisten, nicht weiter als bis zum Po fuhren oder, wenn sie weiter südwärts reisten, dies aus Angst vor den Vergeltungsmaßnahmen der Inquisition unter falschem Namen taten.

Vorbildlich ist dagegen die Distanz der großen Aufklärer, von Montesquieu bis de Brosses. Sie sind zu kosmopolitisch und zu tolerant, um nicht zu wissen, wie man unterhalb der Erscheinungen an der Oberfläche oder hinter der Inszenierung von kultischen Ritualen das eigentliche Wesen des Menschen mit seinen Ängsten und Sorgen entdeckt. Spannend ist das Verhalten der Romantiker wegen ihrer inneren Widersprüche. Eine fortschrittliche Intellektuelle wie Lady Morgan sieht in Loretos Heiligtum nichts anderes als das Denkmal der nach dem Wiener Kongress in ganz Europa vollzogenen Restauration traditioneller Werte. Umgekehrt entdeckt Madame de Staël hier gerührt das Geheimnis des naiven, volkstümlichen Glaubens, etwas wie den romantischen Ausdruck echter und tiefer Gefühle. Die Stelle aus *Corinna, oder Italien* (1807, deutsch 1868) ist ein unverwechselbares Beispiel dafür, wie Reiseberichte in Romane übergehen können:

»Am folgenden Tag erreichten sie das auf hohem Bergesrücken gelegene San Loreto, von welchem aus man das Adriatische Meer erblickt. Während Lord Nevil durch einige, auf die Reise bezügliche Anordnungen zurückgehalten wurde, ging Corinna nach der Kirche, in welcher eine, in der Mitte des Chores gelegene, mit recht schönen Basreliefs geschmückte Kapelle das Bild der Heiligen Jungfrau umschließt. Das Marmorpflaster vor diesem Heiligthum ist von den auf den Knien nahenden Pilgern völlig ausgehöhlt. Corinna war von diesen Spuren der Andacht bewegt, und auf dieselben Steine niedersinkend, wo vor ihr so viele Unglückliche geweint hatten, betete sie mit Thranen zu jenem Bild der Güte, dem Symbol der himmlischen Liebe. So fand sie Oswald. Er begriff nicht, wie eine Frau von ihrem überlegenen Geist sich derartigen Volksgebräuchen anschließen konnte.«

Das Bild, das sich die Reisenden unseres Jahrhunderts von dem Ort machen, ist weiterhin im Leopardischen Sinne entweder von Gefühl oder von Reflexion geprägt. Auch hierbei handelt es sich um neuartige, fesselnde Lesarten, die oft mit einer Suche, einer Erkundungsreise in die Erinnerung zusammenhängen. Es ist kein Zufall, daß schon um die Mitte des 19. Jahrhunderts Valéry die Verse Tassos zitiert und sich auf die Suche nach der Feder begibt, die Giusto Lipsio der Madonna geschenkt hatte. In unserem Jahrhundert stellt Edward Hutton Nachforschungen in dem ungelösten »Kriminalfall« des englischen metaphysischen Dichters Richard Crashaw an, der unter geheimnisvollen Umständen in Loreto starb, während André Maurel in Tönen, die zwischen Ironie und Komischer Oper schillern, an Montaigne und Chateaubriand erinnert.

Wieviel wissen die Einwohner der Stadt – es wird Zeit, sich das zu fragen – von den unterschiedlichen Einstellungen der fremden Besucher gegenüber Loreto? Eine indirekte und recht anschauliche Antwort erhalten wir von einem Stadtführer für Fremde, der 1894 erschien. Über die Via dei Coronari heißt es dort:

»Während der Markttage und Pilgerfahrten herrscht auf dieser Straße und dem angrenzenden Platz ein ohrenbetäubender Lärm, da die Waren mit lauter Stimme angeboten werden, in den seltsamsten Sprachen Europas, in denen unsere Verkäufer einige der üblichen Sätze in komischer Weise aussprechen.«

Wer einen Blick aus dem Laubengang vor der Kathedrale San Martino in Lucca wirft, kann noch heute das Bild eines Labyrinths sehen, das in einen Sockel aus Stein geritzt wurde. In der mittelalterlichen Glaubenstradition war das Labyrinth, auch *Chemin de Jérusalem* genannt, ein Symbol des schwierigen, gewundenen Weges, auf dem die Seele zu Gott gelangen möchte. Doch das Labyrinth unter dem schattigen Laubengang in Lucca erfüllte noch eine andere Funktion. Es bezog sich auf einen realen Weg, denn es zeigte dem Rompilger an, daß er sich auf der richtigen Straße befand, und daß Lucca eine übliche Etappe auf dieser Strecke war. Vom Symbol für die ewige Ungewißheit des menschlichen Weges verwandelte sich das Labyrinth hier in einen unbezweifelbaren und vertrauenerweckenden Wegweiser. Und es verwandelte sich in eine Weissagung, die der Stadt des »baumbekränzten Kreises« – um einen mittelalterlichen Ausdruck D'Annunzios zu zitieren – einen ununterbrochenen Strom von Pilgern und Reisenden ankündigte, der bis in unsere Tage andauern sollte. In dieser langen Tradition gibt es für viele Reisende einen Moment, in dem sie eine Art emphatische Verbindung mit dem Ort empfinden, und das ist auch bei Heine der Fall, der sich »in eine jener verwunschenen Städte versetzt glaubte, wovon mir einst die Amme so viel erzählt«. Manche Reisende wiederum zeigen eine Neigung, die eigenen Eindrücke mit geschichtlichen Fakten und Aussprüchen anderer anzureichern, als wollten sie ihnen dadurch größere Glaubwürdigkeit verleihen. So interpretiert der Amerikaner W. D. Howells die Stadt mit Hilfe eines Zitats des elisabethanischen Engländers Thomas Hoby, während der Deutsche Theodor Hell die Umgebung Luccas anhand der Danteschen Dichtung wahrnimmt. Die Stadt erhält so das lebendige Gesicht der Geschichte und damit das Pathos verlorener Größe und Pracht. Zwischen dem 19. und 20. Jahrhundert gibt es viele, die bemerken, daß diese ehemalige Hauptstadt, die mit den wichtigsten Städten Europas in Verbindung stand, nurmehr eine melancholische Provinzialität ausstrahlt. Gegen Ende des 19. Jahrhunderts schreibt Müntz:

>Eine Reihe von Konsulaten (sogar das der Argentinischen Republik) zeugt von der wirtschaftlichen Bedeutung der alten freien Stadt, dem letzten italienischen Stadtstaat, der mit Venedig und San Marino bis zum Ende des 18. Jahrhunderts die Form einer Republik behielt.«

Lucca verdankt seine Entdeckung und internationale Aufwertung vor allem John Ruskin. Der Gelehrte hielt sich 1840 als Zwanzigjähriger zum ersten Mal hier auf und kehrte danach mehrmals zurück, denn die Steine von Lucca waren für ihn eine Vorwegnahme der Steine von Venedig, seit er die außergewöhnliche Ähnlichkeit zwischen beiden Städten entdeckt hatte. Wer die Gestalt Luccas auch heute noch beschreiben will, kommt um die Arbeiten Ruskins nicht herum. Er hat sich in Notizen, Briefen, Tagebuchaufzeichnungen, Anweisungen an seine Mitarbeiter, Zeichungen und Aquarellen um die Stadt bemüht. In seinen Überlegungen über das Wesen der Gotik – eine erstaunliche Mischung verschiedenster Einflüsse aus byzantinischer Zeit und der Zeit der Völkerwanderung, arabischer und normannischer Elemente – drückt Ruskin seine Überzeugung aus, daß die Qualität eines Stils aus dem Geist und dem Herzen der unzähligen Steinmetze, Grobarbeiter an den Skulpturen und meisterhaften Maurer entspringe. Mit ihren kühnen architektonischen Lösungen, ihrem pragmatischen Funktionalismus, den freiwilligen Unvollkommenheiten, ihrer Kreativität, ist die mittelalterliche Kunst für ihn ein Spiegel der menschlichen Zusammenarbeit. Die Gotik kann Fehler, Grobheiten, Asymmetrien ertragen, ja, sich sogar zunutze machen, weil sie ihre Gesetze aus der Natur ableitet, aus ihrer unbegrenzten Vielfalt und Fähigkeit zur Erneuerung. Außerdem handelt es sich um eine Kunst, die die spezialisierte Unterteilung des Wissens und der Arbeit, wie sie der wissenschaftliche und technische Fortschritt erzwingt, noch nicht kennt. In Ruskins Gotik glüht ein energischer, kraftvoller, spontaner, lebenspraller Primitivismus, vor allem aber beeindruckt die ganzheitliche Auffassung des Wissens und der praktischen Fertigkeiten. Im Zeitalter der Maschine, die nur Kopien und Stereotypen produziert, entdeckt Ruskin in der Gotik einen unvergleichlichen historischen, oder besser vielleicht utopischen Moment, in dem jeder Mensch die Möglichkeit erhielt, sein Herz und seinen Kopf, den Arm und den Geist zum »Ruhme des Herrn« und für das leibliche, moralische und ästhetische Wohl seiner Mitmenschen zu gebrauchen.

Mit seinen Kirchen und ihren Fassaden aus übereinanderliegenden kleinen Loggien, den mit vielen Löchern durchsetzten Glockentürmen, den roten Gebäuden und Türmen, die von Fahnenmasten gekrönt werden, verkörpert Lucca beispielhaft die mittelalterliche Kunst. Es ist eine Kunst, die ebenso als Lebensweise verstanden werden muß, ein ethisches Modell des freien, individuellen Ausdrucks und gleichzeitig der Zusammenarbeit, eine Rückkehr zum organischen Wachstum der Natur. In einem schönen Brief, in dem der junge Student am Christ Church College in Oxford dem Vater von seiner Besichtigung der Fassade der Kathedrale San Michele berichtet, sind alle Regeln für eine umfassende Vorstellung von der Stadt enthalten. Was Ruskin über einzelne Bauwerke hinaus begeistert, zieht uns auch heute an und veranlaßt uns, diese Stadt als ein vollkommenes und unwiederholbares Beispiel einer humanen Stadt zu bewundern. Gemeint ist das Wunder ihrer stilistischen und atmosphärischen Einheitlichkeit, der sichtbare Übergang von einer Epoche zur anderen, die Abfolge unterschiedlicher Zeugnisse, die jedoch nie auseinanderfallen und den Eindruck ihres organischen Wachstums nicht beeinträchtigen. Es gibt nur wenige Städte, die diese innere Kontinuität, diese grundlegende Homogenität besitzen und sie mitteilen, indem sie den Besucher geistig und gefühlsmäßig in ihren Bann ziehen.

Nelly Erichsen, *Fassade der Kirche San Frediano*, 1910

Bei so bedeutenden und vollkommenen Beispielen wie Lucca verbindet sich das Fehlen jedes stilistischen Bruchs mit einem inselartigen Charakter. Wie auf einer Insel werden die Erkennungsmerkmale der kulturellen Identität dieser Städte eingeschlossen, damit sie um so kostbarer erscheinen. Man versteht daher, daß Ruskin in Lucca eine Vorwegnahme des Inselcharakters von Venedig sehen konnte, ein vollkommenes Beispiel umgrenzter kultureller und stilistischer Einheitlichkeit. Guglielmo Petroni sagte: »Auch Lucca ist eine Insel; ihr Meer ist jener wunderbare und einzigartige Gürtel, der sie wie ein natürliches Element zusammenschließt, der sie von der Außenwelt zu trennen scheint.« Sehr scharfsinnig hatte auch Piovene diese heimliche, vornehme Verwandtschaft mit Venedig erfaßt, der anderen italienischen Stadt, die aus dem gleichen Grund wie Lucca ein menschliches Maß behalten hat – der Schwierigkeit nämlich, sich räumlich auszudehnen.

Wie in anderen Städten zeigt der Reisende des 20. Jahrhunderts auch in Lucca die Neigung, Eindrücke und Beobachtungen derjenigen zu zitieren, die die Stadt vor ihm entdeckt haben. Es handelt sich weder um eine Bestätigung ihrer Glaubwürdigkeit noch um ironische Anspielungen, sondern um den Nachhall ferner Stimmen, die es möglich machen, gleichzeitig die heutige und die Stadt von gestern zu besuchen. Die betriebsame Stadt Montaignes, die das Nützliche wie das Angenehme pflegen wollte, die »Zwergrepublik« von de Brosses, das kleine Genf von Gibbon – sie tauchen in den Aufzeichnungen des 20. Jahrhunderts wieder auf, denn sie bieten die Gelegenheit zu einer Entdeckungsreise durch unterschiedliche Momente des geschichtlichen Lebens der Stadt. In manchen Fällen wird das Zitat zum Vorwand für eine Anekdote, wie die Erinnerung an Ruskin und Collingwood im Hotel Universo, die der britische Konsul Carmichael überliefert: »Die Wirtin des Hotels erzählt nicht ohne Zittern in der Stimme, daß der arme Mr. Collingwood gezwungen war, sich flach auf den Boden zu legen, um das Deckengemälde im Zimmer seines Herrn zu kopieren.« Der Reisende des 20. Jahrhunderts teilt mit seinen Vorgängern auch den Stolz, zu der kleinen Schar derjenigen zu gehören, die diese auf den Routen der Italienreise manchmal vernachlässigte Stadt bevorzugt haben. Noch in den fünfziger Jahren bemerkt – sicher nicht als einziger – Derek Patmore: »Viele Reisende kommen an Lucca vorbei und fahren einfach weiter... Gerade darum war es eine der ersten Städte in der Toskana, die ich besichtigen wollte.«

Gleichzeitig mehrt sich der Typ des Reisenden, der sein ideales Ziel in Städten und deren Umgebung findet. Was Lucca im 18. Jahrhundert für Georg Christoph Martini war, ist es in unserem Jahrhundert für Rudolf Borchardt, der 1908 einen bewundernswerten Essay über das so eng mit Lucca verbundene Thema der *Villa* schrieb, für Johannes Jørgensen, den Verfasser von *Gemma und andere Geschichten aus Lucca* (1927), für Charles Morgan, der die Handlung seines Romans *Sparkenbroke* teilweise in Lucca spielen ließ. Auf einigen unvergeßlichen Seiten über Lucca stellte Vernon Lee in den zwanziger Jahren fest, daß Lucca ein idealer Schauplatz für Romanhandlungen sei, und ebenso geeignet, solche nach Anregung durch seinen suggestiven Ortsnamen zu erfinden. Und wie ein Echo darauf vermerkte André Suarès in seinem Notizheft, in Lucca sei jedes Gebäude ein »stummer Roman«. Manchmal hat man das Gefühl, daß die Vergangenheit sich hier in undefinierbarer Weise materialisiert, um überall gleichzeitig anwesend zu sein, über den Türmen schwebend, hinter den Bollwerken kauernd. »Überall hört man den Nachhall der Vergangenheit«, schreibt noch Patmore, verzaubert von der melancholischen, byronschen Erhabenheit Luccas. Andere Male wirken die Lust am Paradoxen und der Sinn für Ironie als Gegengift gegen den allzu mächtigen Zauber dieser Stadt, wenn Hilaire Belloc Lucca so beschreibt: »... die regelmäßigste, exakteste, tadelloseste, versteinertste kleine Stadt der Welt, mit ihren menschenleeren Straßen, den widersinnigen Mauern, den satten und stillen Häusern«.

Der Blick des Reisenden sucht natürlich nach der Gesamtansicht eines Ortes. Und welche andere Stadt hat im Vergleich mit Lucca den Vorzug, sich von einem geschlossenen Mauerring umgeben präsentieren zu dürfen, wie die von Heiligenfiguren auf einem Tablett gezeigten Modellstädte? Blickt man in diese Mauern hinein, sieht man die Stadt mit ihren Giebeln, den Wachtürmen und Glockentürmen in einem Becken zusammengedrängt. In diesem schönen Becken hat sich die Geschichte in mehreren Schichten mit mannigfaltigen Formen und Sprachen abgelagert, zeigt sich in vielen Gesichtern und Stimmen, vom wiederverwerteten, monumentalen römischen Circus über die außergewöhnliche Blüte der Romanik und Gotik bis zur Eleganz der Renaissance und der gemessenen Erhabenheit der Neoklassik. Verständlicherweise setzt der heutige Reisende seinen Ehrgeiz darein, jede dieser Stimmen nach ihrer Herkunft unterscheiden zu können. So entstehen sorgfältige und mitunter originelle Analysen der einzelnen Baudenkmäler, der Paläste, Kirchen und Plätze. Man entdeckt oder bestätigt die Bedeutung typischer Merkmale der Stadt wie die Terrassengärten, die Lustgärten, die Innenhöfe, denen schon Montaigne besondere Aufmerksamkeit schenkte. Man betont den ausweichenden und darum stimulierenden Charakter einer Stadt, wo es mit Ausnahme der Piazza del Duomo keine Straße gibt, die direkt bis vor die Fassade eines Stadtpalastes oder einer Kirche führt. Alles in Lucca erscheine perspektivisch verkürzt, wurde einmal gesagt. Es ist auch keine jener Städte, die man überraschen, der man sich von hinten nähern kann, wie Edith Wharton feststellte. Hat man erst eines der Stadttore durchschritten, egal welches, nimmt die Stadt selbst den Besucher bei der Hand und führt ihn durch das Straßengewirr.

Schließlich fehlt es nicht an Reisenden, die die Gebräuche der Stadt und ihre eingefleischten Gewohnheiten porträtieren, vom Spaziergang in der Via Fillungo, wo die Jungen und die Alten wie unter einem Zwang offenbar mindestens einmal am Tag auf- und abgehen müssen, bis zu den Schatten der Fahrradfahrer, die durch die engen Gassen rasen. »In Lucca habe ich das Fahrradfahren in einer Eleganz und Meisterschaft sehen

Nelly Erichsen, *San Frediano dalle mura*, 1912

dürfen, die die allergrößte Bewunderung verdienen«, schrieb
Ada M. Harrison.

In der Erinnerung verbinden viele Reisende den Handels-
geist der Einwohner Luccas und ihr Streben nach Unabhän-
gigkeit damit, daß – wie vor allem die Aufklärer bemerkten –
die Prinzipien der Reformation in dieser Gegend Fuß fassen
konnten, obwohl viele protestantische Familien gezwungen waren, sich außerhalb der Mauern, an den Ufern des Lemano ihr
Haus zu bauen. Wie Arrigo Benedetti schrieb, bildeten sie die
Gemeinde, »die unmöglich vor den am Fluß Serchio siedeln-
den, anderen Gemeinden geschützt werden konnte«. Es fehlt
auch nicht an Besuchern, die, wie Theodor W. Adorno in seinem
Luccheser Memorial, ihren Finger auf eine alte Wunde dieser
Gegend legen: »Sich vorstellen, daß wer weiß wie viele Millio-
nen aus diesem Land nach Kanada, den Staaten, Argentinien
auswandern, wo es doch umgekehrt sein müßte.« Er entwickelt
diese bittere Überlegung weiter und fährt fort: »Ohne Unterlaß, als wäre es ein Ritual, wiederholt sich die Austreibung aus
dem Paradies, sie müssen im Schweiß ihres Angesichts ihr Brot

J. Pennell, *Turm des Palazzo Guinigi*, 1904

essen.« Vielleicht hat der Frankfurter Philosoph, ohne es zu wissen, unter einem ganz anderen, traurigen Blickwinkel eine der rhetorischen Formeln aktualisiert, mit denen das 19. Jahrhundert diesen Winkel der Welt betrachtet hatte, indem er eben als ein »Stück vom Paradies« definiert wurde.

Doch sobald sich diese Form der Begegnung mit der Stadt anhand von Mosaiksteinen und einzelnen Aspekten erschöpft hat, bleibt das, was den Besucher am meisten fasziniert: die einheitliche Atmosphäre einer Stadt, die sich in unterschiedlichen Stilepochen entwickelt hat, ohne der eigenen Logik ihres Wachstums und ihrer Harmonie je zu widersprechen. Man nimmt das in der geheimnisvollen Stimmung wahr, die einem, kaum ist man aus dem Dunkel der Stadttore herausgetreten, den Eindruck vermittelt, »in eine Festung einzutreten, in eine abgesonderte Welt, wo man ein angemessenes Verhalten zeigen muß«, um es mit den Worten von Alfred Alvarez zu sagen. Vielleicht stimmt es wirklich, daß das Überschreiten der Schwelle in Lucca bedeutet, in eine andere Welt einzutreten. Und in eine andere Zeit, wie Julien Green bei einem Spaziergang im Herzen der Stadt bemerkt: »Wo sind wir? In Italien ja, aber in welcher Zeit?«

Die von Ruskin und seinen Nachfolgern angeregte Begeisterung für die Kunst der sogenannten Primitiven, die dann von anderen Gelehrten und eher kommerziell interessierten Kunstsammlern lebendig gehalten wurde, das plötzliche Aufleben der franziskanischen Mystik, die altbewährte klimatische Alternative zur drückenden Hitze in Rom oder Florenz, die Anwesenheit einer Aristokratie mit weitgespannten, engen Beziehungen zu anderen europäischen Ländern – dies alles macht Perugia zwischen dem Ende des 19. und dem Beginn des 20. Jahrhunderts zu einer der beliebtesten Städte für die Fremden. Zur Berühmtheit Perugias, das schon früher eine – allerdings nicht verbindliche – Etappe auf der *Grand Tour* war und dann durch den Kult der Hügelstädte zur *queen of the hill towns* aufstieg, wie J. A. Symonds sie nannte, tragen außerdem eine ganze Reihe weit verbreiteter literarischer Werke bei. Sie reichen vom bekannten *Marmorfaun* von Nathaniel Hawthorne, der zum spirituellen Reiseführer für die geschichtstrunkenen amerikanischen Pilger wurde, bis zu dem ordentlichen Führer von August J. C. Hare, *Cities of Central Italy*, einem feinsinnigen Vademecum, in dem die Schönheiten der Orte durch Zitate berühmter Reisender hervorgehoben werden, eine damals noch unbekannte Praxis. Ebenso wichtig waren die historischen Einzeldarstellungen, wie die auch ins Italienische übersetzte Abhandlung der Tochter von Symonds, Margret, über *Perugia. Her Story. Her Monuments* (1901), auf die Virginia Woolf 1907 in einem Brief Bezug nimmt: »Ich mußte an Dich denken, denn wir haben in Perugia Station gemacht und in Deinem Hotel gewohnt, wo alle das Buch von Miss Symonds lasen und sagten, es sei der beste Führer durch Italien.«

Seine mittelalterliche Vergangenheit prägt das Wesen Peru
gias und speist den von Bedrohung und Geheimnis erfüllten
Zauber der Stadt. Ihr düsterer Charme wird – wie zum Ausgleich – von den überraschend sich weitenden, herrlichen Ausblicken noch hervorgehoben. Unter den Hügelstädten ist
Perugia eine der luftigsten und mit ihrem Straßengewirr
gleichzeitig eine der geschlossensten. Andere Städte, wie Siena
zum Beispiel, mögen noch verschlungener mäandernde Straßen haben; keine erreicht Perugias paradoxe luftige Dichte.

Perugia hält eine außergewöhnliche Überraschung für den
heutigen Besucher bereit, dem bei seiner Ankunft noch das
Echo seiner vielleicht berühmteren, sicher weniger eiligen Vorgänger in den Ohren klingt: Die Möglichkeit, buchstäblich in
die »Eingeweide« seiner mittelalterlichen Geschichte hinabzu-
steigen. Damit ist keine unterweltliche, düstere Dimension gemeint, denn die gehört allenfalls zur langvergangenen etruskischen Vorgeschichte der Stadt, einer von den Bögen ihrer alten
Stadttore kraftvoll, vom Gähnen ihrer unterirdischen Grab-
mäler eher beiläufig verkörperten Zeit. Wir beziehen uns auf
die – ebenfalls nicht metaphorisch zu verstehende – Wiederentdeckung der gotischen Stadtviertel, die in die Befestigungs-
anlagen der ehemaligen Festung Rocca Paolina eingebaut
wurden, dem von Papst Paul III. zum Schutz vor allen uner-
wünschten Einblicken in die Stadt errichteten Bollwerk. Diese
Stadtviertel können nämlich heute »mechanisch«, mit Rolltreppen von oben oder von unten befahren werden, wie in
einer diachronen Entdeckungsfahrt durch die Epochen. Sie bestätigt das abgründige, geheime Wesen der Stadt, auf das auch
die jäh in tote Winkel mündenden Gassen oder die tiefen
Schatten unter den majestätischen Gewölben anspielen.

Die jüngste Ausgrabung dieses lang unter der Erde begra-
benen Perugia, durch einen glücklichen Zufall ein Werk eben
der Institutionen, die die Absicht hatten, es zu zerstören, bestätigt nachträglich die in einer flüchtigen Skizze von Paul
Bourget zum Ausdruck kommende Ambivalenz:

J. Taylor Arms, *L'Arco della Conca*, 1926

»*C'est une ville rude*, ein wildes Bergstädtchen, mit hohen Häusern aus dunklem Stein, ein Adlernest, das aus der Ferne am weiten Horizont droht, wo Assisi, Foligno und Spoleto schlafen. Hier weht ohne Unterlaß ein Wind voller Schneeböen, der sich in den Stadttoren verfängt, die, wie das nach Augustus benannte, auf die Zeit der Etrusker zurückgehen, und die eiskalten Windstöße fegen durch die Straßen, die so eng sind wie Hausflure.«

Nach der Ausgrabung liest man mit um so größerer Überraschung diese ahnungsvolle Stelle bei Hawthorne:

»Von den mit Kletterpflanzen bedeckten Bollwerken sah man den Hang in das darunterliegende Tal abfallen, das in der Ferne von Bergen begrenzt wurde. Sie schienen in der Sonne zu schlafen, während dünne, silbrige Wolken über ihre Gipfel wanderten... Nachdem sie die Stadt betreten hatten, spazierten sie ohne Ziel umher und verirrten sich in den seltsamen, engen Korridoren, die in Perugia Straßen heißen. Einige von ihnen wirken sogar wie Höhlen, sie sind mit Gewölben bedeckt und stürzen unvermittelt in ein unbekanntes, tiefes Dunkel, das euch, habt ihr es durchquert, wieder in das strahlende Tageslicht entläßt, welches ihr schon nie mehr wiederzusehen glaubtet.«

Bei Henry James ist Perugia in den siebziger Jahren des vorigen Jahrhunderts eine bewährte Etappe auf der *tour* durch die Hügelstädte Italiens. So flüssig ist seine Beschreibung der Stadt, daß sie fast an einen fiktiven Reisebericht grenzt. »Vielleicht tue ich dem Leser einen Gefallen, wenn ich ihm sage, wie er eine Woche in Perugia verbringen sollte. Zuallererst trage er Sorge, keine Eile zu haben, überall gemächlich und ohne festes Ziel herumzuwandern, und das zu betrachten, was seinen Augen begegnet. Alles was er sieht, wird eine altertümliche Absonderlichkeit besitzen, die den pittoresken Charakter des Ortes verstärkt.« Dann folgt der Bezug auf die Ausblicke von der Stadt, die eingehend beschrieben und lange ausgekostet werden: »Läßt man den Blick am Tiber entlang in die Ferne schweifen, kann man fast bis an die Tore Roms gelangen...«,

Palazzo del Podestà. Anonymer Stich, 1835

dann auf das Rathaus, das »roh gemauert ist, wie die abschüssige Flanke eines Berges«, und zuletzt auf das im *Marmorfaun* erwähnte Papststandbild:

> »Und er muß den unwiederholbaren, unnachahmlichen Stil der Statue Julius' III. vor der Kathedrale entdecken, und sich dabei daran erinnern, wie Hawthorne in einer romanhaften Atmosphäre, von der wir heute fast so weit entfernt sind wie von der Architektur der etruskischen Stadttore, von Miriam erzählt hat, die sich just unter dem Sockel dieses Denkmals mit Kenyon verabredete. Das Material ist eine leuchtende, grüne Bronze, während Mantel und Tiara mit zarten Stickereien bedeckt sind, die sich mit der geschickten Hand eines Silberschmieds messen können.«

Wir müssen außerdem daran erinnern, daß diese Stadt in der ersten Hälfte des 19. Jahrhunderts für die Maler der deutschen Künstlerkolonie aus Puristen und Nazarenern von Joseph An-

ton Koch über Hassemer, Oesterley, Busse und Overbeck bis
Karl Rottmann eine Art Zweigstelle ihrer Wohnorte in Rom und
Olevano war. Eine zweite, nicht weniger zahlreiche Ansiedlung
von Künstlern, englischen und amerikanischen Malern, findet
gleich nach der Einigung Italiens statt. Die Villen Uffreduzzi
und Ansidei werden zu Residenzen Elihu Vedders, zu dem
sich häufig George Inness, Hotchkiss, Leighton und die Präraffaeliten Davies, Barclays und Ellis gesellen. Eine dritte Gruppe
besteht aus französischen Malern wie René Binet und Maurice
Denis, die aus Florenz kommen. Ihnen verdanken wir außerordentlich schöne Ansichten der Stadt und ihrer Umgebung,
die größere Bekanntheit verdienen. Ihre Verbreitung könnte
außerdem zum Ausgangspunkt für eine immer noch fehlende
Forschungsarbeit über die Ikonographie Perugias werden.

Der französische Kunsthistoriker René Schneider war einer
der leidenschaftlichsten und subtilsten Interpreten Perugias,
das er 1905 in einem lebendigen Aufsatz über die ganze Region Umbrien beschreibt. Schon auf den ersten Seiten wird
deutlich, wie geschickt er das topographische Gesamtbild der
Stadt erfaßt: »Sie erscheint wie eine riesige, knöchrige Hand,
die auf fünf Hügeln ruht«, ein Vergleich, der zum Gemeinplatz
werden sollte. Gleich zu Anfang vermittelt uns der Reisende
den ersten Eindruck vom Geist des Ortes, und wir erleben, wie
sich hier unverwechselbar der dunkle Abgrund der Vergangenheit mit unvermuteten, herrlichen Aussichten verbindet: »Zwischen den gotischen Mauern senkt sich das bedrückende Gewicht des Mittelalters auf uns nieder; doch kaum ist man am
Ende einer Straße angelangt, dürfen die Sicht und der Geist
immer wieder ausbrechen, schweifen plötzlich frei im Licht umher.« Noch eine Beobachtung, die uns dieses einzigartige *carnet
de voyage* verstehen hilft, das so elegant auf jede Schulmeister-
lichkeit verzichtet, aber mit glücklichen Einfällen und Stimmungen durchsetzt ist. Schneider erklärt mehrmals, sein Blick
sei der eines Reisenden, der zum eigenen Vergnügen unterwegs ist und die Szenerie je nach der Stimmung des Moments
beschreibt. Man beachte die impressionistischen Anklänge,

den *Art déco*-Stil in der Szene von der ersten Begegnung mit drei Perugianern: »Ein Offizier der Carabinieri, eine Ordensschwester, ein Künstler. Schachtel mit Farben, Kapuze, Schwert: dies war die ganze Vergangenheit der Stadt...« Zehn Jahre später war es dem Professor für Kunstgeschichte nicht mehr möglich, mit einer so freien, heiteren Flüchtigkeit der Eindrücke über die Stadt zu schreiben. Doch es ist gerade dieser Stil des gebildeten, empfindsamen Reisenden, der uns fasziniert. Auf Schneiders Seiten lebt die Tradition der besten Reiseliteratur wieder auf, und in diese Tradition gehört auch die Scharfsicht eines großen Verehrers von Umbrien, Thomas Adolphus Trollope, ein letzter, vielleicht ein wenig schwärmerischer Zeuge des Anblicks, den die Rocca Paolina im Jahre 1860, vor dem Abriß, geboten haben muß: »...Ich sah die großen unterirdischen Zellen, zu denen man durch eine runde Falltür gelangte, die sich am Deckengewölbe öffnete, ich sah die in die dicken Mauern hineingegrabenen, furchtbaren Gefängnisse...« Hier klingen auch die bitteren Vorschläge Taines und die Beobachtungen von Symonds und seiner Tochter nach, und schließlich taucht noch ein unbewußter Anklang an Henry James auf, dort nämlich, wo der amerikanische Schriftsteller bemerkt, daß »Perugia jetzt den gleichen Weg eingeschlagen hat wie das übrige Italien, indem es Straßen begradigt, Ruinen beseitigt und so seine ehrwürdigen Geister auslöscht«. Mit ganz ähnlichen Worten sollte Schneider dann in einer 1914 erschienenen Abhandlung über Perugia anmerken, daß »die Erfordernisse des modernen Lebens für die Kunststadt heute das sind, was früher das Zerstörungswerk des Krieges, der Tyranneien und des gleichmacherischen Wütens des neoklassizistischen Geschmacks war«. An unsere einleitenden Worte anknüpfend, können wir hinzufügen, daß Perugia einer jener seltenen Orte ist, wo heute, durch das Aushöhlen der alten Burgfestung und – warum nicht? – auch durch die moderne Technologie der Rolltreppen, eine Situation eingetreten ist, in der die Geister der Vergangenheit eher beschworen als verjagt werden.

Gubbio ist wahrscheinlich in zeitlicher Rangfolge die letzte unter den Hügelstädten Mittelitaliens, auf die ausländische Reisende aufmerksam wurden. Dem Besucher von heute erscheint sie, als wäre sie in ihrem mittelalterlichen Aussehen erstarrt, und obwohl ihre Türme aus kaltem grauen Stein in den Himmel stoßen, bewahrt sich die Stadt einen zurückhaltenden, verschlossenen Anschein, gerade weit genug entfernt vom Durcheinander des modernen Lebens. Von dieser Sprödigkeit Gubbios sollen hier nur zwei, allerdings vielsagende Stimmen zeugen. Das erste Zeugnis finden wir im Vorwort eines 1905 erschienenen englischen Reiseführers. Hier empfehlen zwei Schwestern, Laura MacCracken, die Verfasserin der Texte, und Katharine, die Schöpferin schöner Stiche, Gubbio einem kosmopolitischen Tourismus, der sich die Entdeckung der abgeschiedensten Teile Italiens vorgenommen hat:

>»Diese einzigartige und romantische mittelalterliche Stadt liegt abgeschieden auf den Hängen des Monte Ingino, weit weg von Stränden der Zivilisation und den Strömen ihrer Geschäftigkeit; die Flut des modernen Lebens hat sich von ihren Stadtmauern zurückgezogen, um sie in einem elenden, öden Zustand zurückzulassen, und so liegt sie schlafend dort wie die schöne Prinzessin aus dem Märchen, in Erwartung des magischen Kusses, der den Bann löst und sie aus einem mehr als hundertjährigen Schlaf erweckt, um ihr neue Lebenskraft und Energie zu verleihen. Wir wissen nicht, wie das geschehen soll; man kann nur hoffen, daß die Erneuerung, wenn sie kommt, den Zauber dieser Stadt nicht zerstören und die Erinnerung an eine ereignisreiche Vergangenheit nicht auslöschen wird.«

Katherine MacCracken, *Am Camignano in Gubbio*, 1905

Die Reisen der Spezialisten für die Geschichte der Grafen von Montefeltro oder der Fachleute für mittelalterliche und Renaissancekunst reichten nicht aus, um sie aus ihrem Schlaf zu erwecken. Ebenso unwirksam war die Eröffnung der Eisenbahnstrecke Fossato-Città di Castello im Jahre 1886, des ersten Abschnitts der Umbrischen Zentralbahn, der später am nördlichen Tibertal entlang bis nach Arezzo führen sollte. Mit der Eisenbahn gelangt dann J. A. Symonds in die Stadt und widmet ihr einige Seiten, die eher von einer Empfänglichkeit für lyrische Stimmungen als von einer topographischen Sichtweise geprägt sind.

Der eigentliche Entdecker Gubbios ist Trollope, der 1861 aus Città di Castello in Umbertide ankommt, dem damaligen Fratta, und damit buchstäblich eine erste Verbindung zwischen der kleinen umbrischen Stadt und der südlichen Toskana schafft. Der farbige Bericht von seiner Reise enthält viele interessante historische Hinweise auf den Zustand der Straßen im gerade vereinigten Italien, außerdem zeigt er, daß umfangreiche Gebiete von großer kunsthistorischer Bedeutung aufgrund ihrer isolierten Lage noch unerreichbar waren. Obwohl Trollope nicht als der Märchenprinz gelten kann, den die Schwestern MacCracken herbeisehnten, kommt ihm doch das Verdienst zu, außer der herkömmlichen Straße aus Perugia einen neuen Weg gezeigt zu haben, auf dem die schlafende Dornröschenstadt erreicht werden konnte. Von der Stadt gibt er uns ein detailliertes, mit vielen Anekdoten angereichertes Porträt, das durch Begegnungen mit den Einwohnern und Beschreibungen ungewöhnlicher Seiten der Stadt und ihrer Kunst überaus lebendig wird. Wir verdanken ihm außerdem eine unvergeßliche Schilderung des Herzogspalastes, der damals als Kerzenfabrik diente, und des holzverkleideten, mit Intarsien geschmückten Studierzimmers von Federico da Montefeltro. Nachdem er jedes Paneel des *studiolo* beschrieben hat, bemerkt unser Reisender prophetisch: »Dieses Meisterwerk der Kunsttischlerei und Einlegearbeit könnte jeden Augenblick von jedem, der bereit ist, eine bescheidene Summe zu bezahlen, von den Wänden gerissen und fortgebracht werden.« Dies sei nur darum nicht geschehen, fügt er hinzu, weil die Besitzer das *studiolo* nicht stückweise verkaufen wollten. Einige Jahre später wurde es dann abgebaut und in die Vereinigten Staaten geschickt, wo es sich im New Yorker Metropolitan Museum gut ausnahm.

Heute muß Gubbio sich vor dem Tourismus schützen. Trotzdem hält es für den aufmerksamen Reisenden zauberhafte, von den meisten unbeachtete Ecken bereit. Eine besonders schöne Stelle empfiehlt uns Olave Muriel Potter, die 1912 in Gubbio Station macht, wo sie jeden Teil der Stadt durchwandert und ausführlich beschreibt:

»Es wäre Gubbio gegenüber nicht fair, sich zu verabschieden, ohne ein Wort über die Via Camignano zu verlieren, welches nicht nur eine der pittoreskesten Straßen von Italien ist, sondern auch einen Ausschnitt des Lebens symbolisiert, in dem Gubbio vom 12. Jahrhundert bis fast in die jüngste Vergan-

Katherine MacCracken, *Palazzo dei Consoli*, 1905

genheit hinein außerordentlich aktiv war, nämlich die Kunst
der Wollverarbeitung. Es ist erstaunlich, daß dieses früher an
Künsten und Handwerken so reiche Gubbio heute so arm ist.
Seine Schule der Miniaturenmalerei, in der Ottaviano Nelli
und der geheimnisvolle Oderisi glänzten ... war in ganz Italien berühmt. Doch seinen Reichtum gründete Gubbio auf
die kunstvolle Verarbeitung von Wolle. Um die erforderlichen
Mühlen zu betreiben, bauten die Einwohner den Bottaccione
auf dem Paß zwischen Scheggia und Gubbio, und leiteten so
den Fluß Camignano um, der seit dem 12. Jahrhundert als
Wassergraben diente, weil er um die Stadtmauern floß. Der
im Gebirge entspringende Fluß strömt immer noch mitten
durch Gubbio, aber die Mühlen sind verstummt...«

Die Via Camignano, fährt Muriel Potter fort, ist ein kleines Venedig, das sich allerdings, je näher man der Porta Metauro kommt, an einem Wildbach erstreckt. Hinter dem Bogengang der Porta del Mercato, wo der Fluß zu Füßen des Zypressengartens von San Giovanni Battista vorbeiströmt, einer malerischen, alten Kirche, die sich an der Stelle der alten Kathedrale befindet, wird das wilde Flußbett wie ein venezianischer Kanal von vielen mittelalterlichen Brücken mit wunderlichen Formen überspannt, lauter phantastische Wege, die oft einfach nur in das Haus irgendeines alten Gubbieser Händlers führen. Den Fluß säumen hier gotische Gebäude mit Gärten, die aus den Mauern hervorzubrechen scheinen, und sie tragen Abzeichen und Wappen, ähnlich wie die an einem Haus in der Nähe der Via dei Consoli, wo über dem Eingangsportal das Lamm der Tempelritter zu sehen ist. Während die Straße zur Porta Metauro hochklettert, werden diese Häuser von Bauten aus dem dreizehnten Jahrhundert abgelöst, winzigen Häuschen aus schlecht gehauenem grauen Stein, wie man sie in Bergdörfern sehen kann, wobei diese hier aber noch aus den Zeiten des heiligen Franziskus stammen. Zwischen der Straße und dem Ufer des tiefliegenden Kanals liegt eine hohe Brüstung, häufig von Heiligenschreinen mit vorstehenden Dächern unterbrochen, in denen nachts Öllämpchen brennen; und jenseits der Stadtmauer erhebt sich drohend das Gebirge, das mit seinen rötlichen Felsen, seinen Abgründen und Schluchten jeden Ausblick versperrt.

Wenn wir diesen von wehmütigem Wasserrauschen erfüllten Winkel hinter uns lassen, grüßt Gubbio uns von weitem – in sich versunken, doch selbstbewußt auf seinem mächtigen Bergrücken –, als wäre sie immer noch eine Herzogsstadt, mit dem Palazzo dei Consoli, der als ein Kristallisationspunkt der Geschichte Achtung gebietet.

Jeder Reisende wünscht sich, den Ort, den er besuchen wird, schon vorweg mit einem Blick in Besitz nehmen zu können. Die Hügelstadt Arezzo erfüllt diesen Wunsch durch ihre besondere Lage, obwohl das historische Zentrum von ununterbrochen wachsenden modernen Wohnvierteln, Gewerbe- und Industriegebieten umgeben ist und man daher unmöglich genau bestimmen kann, wo die moderne Stadt sich vom alten Stadtkern löst, um ihre eigenen Wege zu gehen. Reisende und Führer von gestern und vorgestern spielen immer wieder auf dieses Merkmal Arezzos an. »Vom Apparita bei Olmo aus gesehen, bietet Arezzo einen wunderschönen, großartigen Anblick, ein prächtiges Objekt für Photographien«, heißt es in einem liebenswerten lokalen Reiseführer aus dem Jahre 1871, der sich hier auf die Straße bezieht, die von Rom und Perugia aus nach Arezzo führte.

Der heutige Reisende kommt im allgemeinen über die prosaischere Ausfahrt der Autostrada del Sole in der Stadt an, von der man aber als Entschädigung einen Blick auf die Stadt genießen kann, den eine Stadtansicht Piero della Francescas berühmt gemacht hat. Am Beginn der zwanziger Jahre unseres Jahrhunderts verwandelt ein französischer Reisender, der Schriftsteller André Suarès, den Anblick der Stadt aus der Ferne in das bündige Profil, das wir heute *skyline* nennen: »Arezzo sieht aus wie eine Hand, die den Berg hinaufklettert und sich dort öffnet, den Daumen nach Osten gerichtet ... mit dem Zeigefinger zum Himmel weisend.« Der Zeigefinger ist natürlich der neogotische Glockenturm der gotischen Kathedrale, um den sich der ganze historische Stadtkern gruppiert.

Unter den Hügelstädten Mittelitaliens besitzt Arezzo eine eigene, unverwechselbare Physiognomie, weil sie nur auf der sonnenbeschienenen Seite einer bescheidenen Anhöhe liegt, so daß man ironisch sagen könnte, sie habe eine Fassade und eine Rückseite, eine Fülle und eine Leere, einen ins Licht getauchten und einen im Schatten liegenden Teil. Die Wirkung wird noch verstärkt durch die Symbolik der Zäsur, die auf demselben Hügel die Stadt der Lebenden von der der Toten trennt. Wer vom Casentinotal aus nach Arezzo kommt, hat auch heute noch das Gefühl, der Stadt, wenn man so sagen darf, in den Rücken zu fallen, weil er weiß, daß sie ihr Gesicht zur anderen Seite hinwendet. Aber dieser Reisende darf zum Ausgleich im Gegenlicht den Anblick einer der scharfgestochensten Stadtsilhouetten genießen, die man überhaupt entdecken kann, mit dem Glockenturm des Domes und der schräg zur Kirche San Domenico abfallenden, gezackten Reihe der Dächer.

Wenn wir uns dann vorstellen, Arezzo aus der Vogelperspektive oder von den umgebenden Anhöhen aus zu sehen, können wir die Bedeutung seiner geographischen Lage für die Stadtgeschichte erfassen. Arezzo liegt an einem Punkt, wo mehrere geschichtsträchtige Täler zusammentreffen, nämlich das obere Arnotal, der Casentino, das obere Tibertal und das Valdichiana. Die Stadt verband diese Täler und begünstigte den gegenseitigen Austausch. Diese Lage hat die Stadt seit der Antike für den Handelsverkehr geöffnet, der sowohl über die Querachse Italiens, zwischen dem Tyrrhenischen Meer und der Adria, als auch über die Längsachse fließt. Besonderes Gespür für die Vorteile »eines Ortes, der die Schlüssel zu einer herrlichen Gegend in seiner Umgebung besitzt, vom Casentino über das obere Valdarno bis zum oberen Tibertal«, bewies der Reisende Edward Hutton. Historisch und strategisch betrachtet handelte es sich um eine Position, die »statt einen großen Staat zu schaffen, einen kleinen ruinierte«, wie die lange Vorherrschaft von Florenz über die Stadt zeigt. Zur Entschädigung haben die großen Ströme des Glaubens und des Wissens immer durch Arezzo geführt. Lag es früher auf der Strecke der großen Pilgerzüge nach Rom, so bildet es heute,

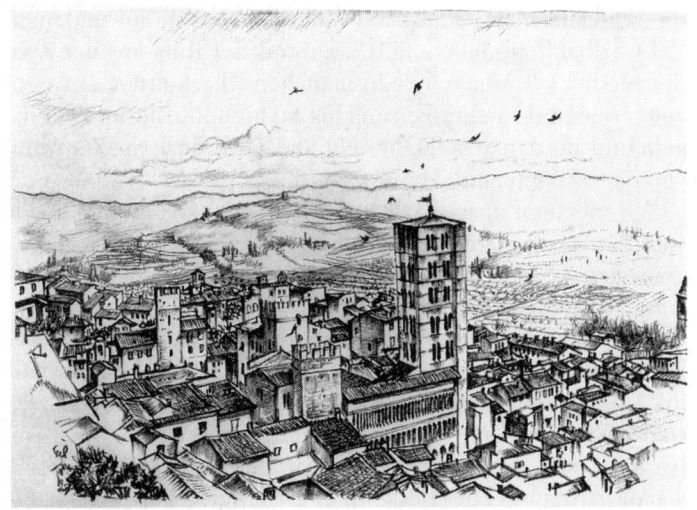

Giannino Marchi, *Ansicht von Arezzo*, 1932

als Alternative zu Siena, eine Etappe auf der traditionellen Route der italienischen Bildungs- und Erholungsreise. Daher liegt es nahe, den heutigen Touristen mit den Hinweisen und Ratschlägen der Reisenden, die in Arezzo Station gemacht haben, zu begleiten. Wir sehen von einem Ort nämlich in erster Linie das, was unsere Vorgänger uns zu beobachten lehrten, und in gewisser Weise genießen wir ihn mit ihren Augen.

Die Anordnung des historischen Stadtkerns von Arezzo läßt sich klar aus seinem Stadtplan erkennen. Die Rasenfläche, die im Plan als der öffentliche »Prato« bezeichnet wird, bildet das Verbindungsglied zwischen der Vorder- und der Rückseite der Stadt, außerdem ist sie der höchste Punkt des Hügels, an dem idealerweise alle Hauptstraßen der Stadt wie die Stäbe eines Fächers zusammentreffen. Ein um 180 Grad geöffneter Fächer ist die Form des Grundrisses von Arezzo, das vom Prato aus in fortlaufenden, konzentrischen Halbkreisen ins Tal hinunter gewachsen ist. Von der Zeit der Etrusker an hat jeder neue Mauerring eine deutliche Spur im Straßennetz hinterlassen, so daß die mittelalterliche Stadtmauer mit der langen, gewundenen Via Garibaldi zusammenfällt, während der Ring aus der Zeit der Medici, allerdings nur in manchen Abschnitten, aus den vom Prato und von der Festung ins Tal hinunterführenden Flügeln und aus den Straßen besteht, die das historische Zentrum von der übrigen Stadt abgrenzen.

Wir möchten unseren Besucher in Gedanken an den höchsten Punkt der Stadt versetzen, dort wo die fächerförmig ausgebreiteten Straßen zusammenlaufen, eingedenk einer scharfsinnigen Bemerkung, die der Musikwissenschaftler William Weaver vor einigen Jahren machte. Seiner Meinung nach muß man Arezzo, wie jede andere Hügelstadt, von ihrer Spitze aus ins Auge fassen, damit sie in ihrer ursprünglichen Anlage verstanden werden kann. Weil aber eine Stadt verstehen vor allem bedeutet, sie zu erobern, werden wir die Piazza San Francesco als Ausgangspunkt des Besichtigungsrundgangs empfehlen. Es handelt sich um einen leicht erreichbaren Ort und um einen Platz, der dem Reisenden wegen der Fülle seiner geschichtlichen Reminiszenzen das Gefühl vermittelt, sich tatsächlich in der Vorhalle der Stadt zu befinden.

Heute ist Arezzo nicht mehr das regungslose, geheimnisvolle kleine Städtchen von Henry James. 1873 hatte der amerikanische Schriftsteller es zum Inbegriff jener mit Geschichte beladenen Archen gemacht, die die Hügelstädte sind:»In Arezzo ließ ich den Staub der Jahrhunderte unangetastet. In Fällen wie diesem stürmt die Geschichte von allzu vielen Seiten auf dich ein...« Schon zu Beginn des 20. Jahrhunderts bemerken viele Reisende die Veränderungen, die in der Stadt vor sich gehen, die Verwahrlosung der Hügelspitze, den Abriß der alten Stadtmauern, die fortschreitende Ausdehnung hinunter ins Tal in Richtung Bahnhof und über diesen hinaus. Das heutige Arezzo ist etwas anderes als die verzauberte Abstellkammer der Geschichte und mehr als die Summe ihrer berühmten Monumente. Hören wir noch einmal William Weaver:»Arezzo gefällt mir, weil es keine touristische Stadt ist; die Besucher sind ohne Einschmeichelei willkommen. Die Einwohner Arezzos fah-

Giannino Marchi, *Die Piazza Grande in Arezzo*, 1932

ren mit ihren Tätigkeiten fort, denn dies ist eine Stadt, in der viel Gewerbe betrieben wird. Ihre nicht allzu teuren Musterexemplare der Goldschmiedekunst bilden ihre Spezialität.« Unter den Städten, zu denen ein anspruchsvollerer Tourismus sich hingezogen fühlt, ist Arezzo ein besonders interessantes Ziel wegen seiner Vielfalt und eines künstlerischen Potentials, das nicht nur außergewöhnlich wertvolle Kunstwerke in großer Auswahl bietet, sondern auch kaum Abnutzungserscheinungen zeigt. Man denke nur an das Haus von Giorgio Vasari, ein unvergleichliches Schatzkästchen, eines der schönsten Beispiele eines Künstlerhauses.

Trotz der Ausdehnung der Stadt, die große Industrie- und Handelsgebiete umfaßt, schleicht sich immer noch ein leiser Geruch nach Landleben in Arezzo ein. Nicht weiter als fünfhundert Meter vom Rathaus entfernt sind die Festungsanlagen von Weinstöcken umgeben, und nicht selten hört man, wie ein amerikanischer Journalist bemerkte, von eben diesem Platz aus – zwischen dem Rathaus und der Kathedrale – das Krähen des Hahns, das die Stadt an ihre bäuerlichen Ursprünge erinnert. Dank dieser archaischen Seele, die mit technologisch fortgeschrittensten Industriebetrieben friedlich zusammenlebt, ist die Stadt zum Zeugnis einer bestimmten Tradition geworden, von der ihre eigenen Bewohner vielleicht nichts wissen, die aber höchst bedeutsam ist. In diese Stadt sind, häufig inkognito, die wachsten Geister Europas und Amerikas gekommen, um hier die Beispiele einer großartigen Kunsttradition zu studieren, deren örtliche Vertreter Piero della Francesca und Giorgio Vasari sind. Die hier entstandenen Kunstwerke haben nämlich, unter Mithilfe des Ortes, ob er nun Abgeschiedenheit gewährte oder mit anderen Dingen beschäftigt war, eine solche Ausstrahlungskraft, daß sie den Entwicklungsgang der Kunst selbst verdeutlichen oder sich als aufschlußreiche Stationen auf ihrem Weg darstellen können. Diesem Reichtum an Augenblicken der Offenbarung entnehmen wir den beispielhaften Fall von Anatole France, der zu Beginn des Jahrhunderts schreibt: »Weder in Brügge noch in Köln, weder in Siena noch in Perugia vollzog sich meine Initiation: es war in der kleinen Stadt Arezzo, wo ich zum bewußten Anhänger der naiven Malerei wurde... Eines Abends zeigte mir eine Alte für eine halbe Lire bei Kerzenlicht das schmutzige Museum von Arezzo, wo ich ein Gemälde von Margaritone entdeckte, einen heiligen Franziskus, dessen erbarmungswürdige Traurigkeit mich zum Weinen brachte. Ich war tief gerührt; Margaritone von Arezzo wurde von diesem Tag an mein liebster primitiver Maler.« Oder erinnern wir an das viel spätere Beispiel des amerikanischen Romanciers John Dos Passos, der aus der Sicht der Hauptfigur eines seiner Romane bemerkt:

> »Je länger er Piero della Francesca betrachtete, desto besser konnte er die Absicht des Malers erkennen, sie war so deutlich ausgedrückt, als hörte er sie in einem fein modulierten Toskanisch aussprechen. Seine Augen verloren sich in einer Trance, mit altbewährter Berechnung hervorgerufen durch edle Gestalten, welche mit derart kalter Energie vor einem Hintergrund aus silbrigen Fernen entworfen waren, daß ihm

Pierro della Francesca, *Anbetung des Kreuzes durch die Königin von Saba* (Detail), nach 1458

zuallererst der Gedanke kam, er habe bis zu diesem Moment noch nie ein richtiges Gemälde gesehen.«

Diesen Worten könnte Milton Glaser zustimmen, der Meister des zeitgenössischen *designs*, der über seine Begegnung mit Piero auf einer Tour durch die Toskana 1989 schreibt: »Meine glühende Verehrung für Piero entstand bei unserer ersten Begegnung: ich konnte nicht fassen, was ich da entdeckt hatte. Bei Piero kann nichts verändert oder verbessert werden. Er ist unvermeidlich, als hätte die Natur ihn uns geschenkt.«

Obwohl sie in den Handbüchern und Führern des 18. und 19. Jahrhunderts immer wieder als interessantes, lohnendes Reiseziel angeführt wird, stellt Cortona den vorüberkommenden Reisenden vor große Probleme. Er muß nämlich, will er Cortona besuchen, die unwegsame Verbindungsstraße mit Camucia überwinden, der Poststation auf dem Weg, der ihn, je nachdem welche Richtung er einschlägt, nach Florenz oder nach Rom führt. Während die Herberge von Camucia Menschen und Tieren eine gute Gelegenheit zur Erfrischung bietet, bedeutet der steile Aufstieg nach Cortona nicht nur eine Abweichung von der üblichen Strecke, sondern wirkt auf den eiligen und nicht ausreichend an Altertümern interessierten Reisenden auch regelrecht abschreckend. Über die Schwierigkeiten des Aufstiegs nach Cortona gibt es eine ganze Reihe von Zeugnissen, die trotz großer zeitlicher Abstände immer von ähnlichen Erfahrungen berichten. Im Jahre 1787 bemerkt zum Beispiel der *squire* Peter Beckford: »Die Stadt ist eine der ältesten Italiens, allerdings ist sie wegen ihrer Lage nahezu unerreichbar und mit Kutschen absolut unbefahrbar.« Mehr als dreißig Jahre später, 1819, pflichtet ihm die gebildete Lady Morgan mit größerer Detailfreudigkeit bei: »Nur wenige Reisende machen sich die Mühe, auf die Anhöhen Cortonas hinaufzusteigen. Die fast senkrechte Steilwand macht das Unterfangen zum Wagnis, wohingegen das Gasthaus der Poststation zu Füßen dieses felsigen Bollwerks den Reisenden einlädt, ein wenig auszuruhen oder spazierenzugehen und sich vom lieblichen Valle di Chiana aus, über dem sie ein so prächtiges Schauspiel abgibt, mit dem bloßen Anblick der verehrungswürdigsten italienischen Stadt zu begnügen.« William Brockendon, Verfasser eines sehr verbreiteten Reiseführers, schreibt im Jahre 1835: »Der Aufstieg

John Warwick Smith, *Ansicht von Cortona*, 1799

ist mühsam und führt zu einer so großen Verspätung, daß
recht wenige den Wunsch verspüren, bis nach oben zu gelangen: doch alle, die diese Reise machen können, werden entschädigt.«

Nach Cortona kommt daher zwischen dem 18. und dem 19.
Jahrhundert nur eine besonders erlesene kleine Schar ausländischer Reisender. Den steilen Berg, den die Wagen vergeblich
zu bezwingen versuchen, erklimmen vorwiegend die *grandtourists*, die die wichtigsten Reiseführer verfassen, oder die ex-
zentrischen Mylords, die das Neue und Andere suchen – und
damit unwissentlich eine neue Form des Tourismus begründen
– oder schließlich die Fachleute für die Kultur der Etrusker,
der Deutsche Dorow, der Brite Dennis, die leidenschaftliche
Lady Hamilton Gray, der Aquarellist S.J. Ainsley.

1802, als er sich kurz in Cortona aufhielt, notierte Joseph

Forsyth, einer der gründlichsten Autoren von Italienführern, daß er in den Sälen der etruskischen Akademie das Porträt seines Landsmannes Lord Cowper entdeckt habe. Giorgio di Naussau Clavering, Lord Cowper, war nämlich zwischen 1780 und 1781 als etruskischer »lucumone« Leiter der Akademie. Die zufriedene Feststellung Forsyths stellt einen unbewußten Abschiedsgruß an die Tradition der Akademien dar, an die archäologische Mode der »Etruskerien«, an die undifferenzierte Neugier auf alles Altertümliche mit ihren unvermeidlichen heraldischen und mondänen Auswüchsen. Ohne die nüchternen Aktivitäten der Akademie in Cortona zu schmälern, auf die sie sich sogar fortwährend beziehen, treten die Väter der modernen Etruskologie mit einem überströmenden Enthusiasmus und einer ganz und gar romantischen Passion auf. Die großartige Abhandlung über das etruskische Cortona, die uns der damals vollkommen unbekannte britische Zollbeamte George Dennis hinterließ, taucht wiederholt in den Berichten anderer Reisender des 19. und des 20. Jahrhunderts auf. Der Grund dafür sind nicht nur ihre klugen Interpretationen, sondern auch ihr rhetorisch außerordentlich geschickter Aufbau, so daß sie ihr großes Engagement all jenen mitzuteilen vermag, die sich anschicken, die älteste und »verehrungswürdigste« Stadt der Welt zu betreten.

Der Romantiker Dennis besitzt die Gabe der Erzählkunst. Es tut seiner wissenschaftlichen Pionierarbeit auf dem Gebiet der Etruskerforschung keinen Abbruch, daß die mythische Zeit des Dardanos und seines Vaters Korythos, die Vergangenheit der Stadt »im geistigen Bunde mit den Wolken«, dank seiner farbigen Schilderungen zum unverwechselbaren Kennzeichen Cortonas wurde und auch heute noch die erste Assoziation beim Gedanken an diese Stadt ist. Eine mythische Dimension, verkörpert in den von tausendjährigen Kulturen errichteten Mauern – pelasgischen, etruskischen, mittelalterlichen... –, die die Stadt in ein faszinierendes Licht taucht, das Henry James zwang, gegen den »blendenden Widerschein der Geschichte« eine Sonnenbrille aufzusetzen.

Francesco Fontani, *Die Piazza in Cortona*, 1817

Auch die Reisenden, die Cortona um die Jahrhundertwende besuchten, konnten nicht umhin, seine beeindruckenden Zeugnisse aus Kunst und Geschichte zu bewundern. Im Laufe der Zeit hat sich der Reiz der Stadt auf viele verschiedene Formen verteilt, wird von den Gesichtern unterschiedlichster Epochen, Künste und Handwerke widergespiegelt. Er entspringt aus der Anlage der Stadt, ihrer architektonischen Komposition, dem beispiellosen Bilderreichtum der Kirchen und Museen. Das frühe 20. Jahrhundert brachte eine Wende für die Beliebtheit Cortonas bei europäischen und amerikanischen Reisenden. Denen, die weiterhin nur die von Dennis beschworene Szenerie suchen, durch die Stadttore eintreten und sich umschauen, erscheint Cortona manchmal »grau, düster, übelriechend«, wie Maurice Hewlett ohne Umschweife zugibt. Doch denen, die über Dennis hinaus, über imaginäre Erinnerungen an die Etrusker und Römer hinaus die Zeichen einer vielschichtigen Kultur zu entdecken wissen, offenbaren sich allmählich die rauhen, gewaltigen Bauten des mittelalterlichen Cortona, die Adelspaläste mit ihren eleganten Fassaden, das kulturelle Erbe der etruskischen Akademie, die Landhäuser und Kirchen der

Umgebung. Und mit ihnen erscheint eine mannigfaltige, eindrucksvolle Reihe berühmter Gemälde, zu deren Urhebern Lorenzetti und Sassetta, Angelico und Allori, Signorelli und Berrettini – die beiden Schutzgottheiten des Ortes – gehören, weiterhin Crespi, Piazzetta, Cigoli und andere.

Am Vorabend der Ausbreitung des organisierten Tourismus, als die ersten Vorformen des Massentourismus schon die südliche Toskana und Umbrien streiften, bewahrte sich Cortona seine besondere, spröde Zurückhaltung. Sowohl Schneider als auch Maurel – zwei leidenschaftliche, professionelle Reisende – nahmen diesen Aufschub, diese heimliche Genugtuung wahr, mit der die Stadt sich von den großen Verkehrswegen und Eisenbahnstrecken fernhält. »Bevor ich dieses alte Cortona verlasse, das man so selten besucht...«, bemerkt der erste, und der zweite stimmt mit größerer Emphase zu: »Viele Male bin ich zu ihren Füßen vorbeigefahren, ohne anzuhalten. Auf dem Weg von Florenz nach Rom und nach Perugia ist Cortona, das schon von Natur aus unzugänglich ist, dies umso mehr, als die Züge nach unmöglichen Fahrplänen fahren.«

Ein anderer Grund für diese Auslese aus dem Strom der Reisenden war, daß das Stadtgebiet Cortonas mit seiner ganzen Vielfalt auch in Zeiten, die uns näher sind, vom Besucher gewisse historische und kunstgeschichtliche Kenntnisse verlangte, mindestens aber einen Geschmack und einen Takt, über den der heutige Tourist nicht immer verfügt. Andererseits hindern die mit archaischen Anklängen erfüllte Atmosphäre, die abwechslungsreiche, überall herrliche Landschaft, die ungewöhnlich schönen Aussichten von Cortona den Reisenden daran, sich in hohlen Gemeinplätzen zu ergehen, wie sie in der Reiseliteratur so häufig sind. Gleichzeitig gelingt es den Schönheiten Cortonas, auch die speziellen Besuchszwecke des Fachmanns in einem umfassenderen Genuß aufzuheben. Man nehme als Beispiel hierfür die Beschreibungen, die Charles Sherill von der Ebene und dem Berg Cortonas anfertigt, als er 1930 ankommt, um die Glasfenster von Marcillat in der Kirche Santa Maria im Viertel Calcinaio zu studieren:

»Wenn man aus Perugia kommend die umbrische Ebene hin-
auffährt, ob auf der vorgeschriebenen Eisenbahnstrecke oder
auf der Zickzack-Route eines Automobils, beeindruckt am
ganzen Panorama am meisten der mit Inseln durchsetzte Trasimener See. Während man nach Norden fährt, in gebühren-
dem Abstand begleitet von den Umrissen der Hügel längs
der Straße, ist das nächste Element, das ins Auge fällt, eine
rundliche Silhouette, die zu unserer Rechten wie eine Fiale in
die Höhe strebt, gekrönt von Cortona, das wie eine mit Türmen bewehrte Festung aussieht. Dies ist ein Ort, den wir
gerne in Erinnerung bewahren, denn er war lange Zeit die
Heimat von Guglielmo di Marcillat...«

Und dann, wenig später, wird der wahre Grund für die Reise
eingeführt:

»In Cortona müssen wir die Kirche suchen, die eine Händler-
innung bauen ließ. Es heißt nämlich, daß in einem Vorort der
Stadt, Calcinaio genannt, ein Madonnenbild begonnen hatte,
dermaßen viele Wunder zu vollbringen, daß die Zunft der
Gerber beschloß, ein Grundstück zur Verfügung zu stellen
und dort eine Kirche errichten zu lassen. Und die Arbeiten
kamen nicht nur zu einem glücklichen Abschluß, sondern
wurden auch innerhalb von dreißig Jahren beendet
(1484–1516), was unter der Zeitspanne liegt, die in jener Zeit
durchschnittlich für den Bau von Kirchen benötigt wurde:
ein gutes Geschäft, von Geschäftsleuten erzielt!«

Im übrigen vergißt der Autor nicht, den unbegreiflich ver-
wahrlosten Zustand der Kulturgüter des Ortes zu erwähnen,
auf den schon hundert Jahre zuvor sowohl Dorow als auch
Lady Hamilton Gray angespielt hatten: »Die beiden Meisterwerke von Guglielmo di Marcillat, die einst die Kathedrale von
Cortona schmückten, sind mittlerweile verschwunden: eines
befindet sich im Victoria and Albert Museum in London, das
andere hat den Atlantik überquert.« Auch in diesem Sinn sollte
sich die Geschichte leider wiederholen.
Wie schon in anderen Epochen erscheinen auch zu Beginn

des 20. Jahrhunderts aus unserer Perspektive diejenigen schriftstellernden Reisenden am interessantesten, deren Werke ein Leitfaden für den Geschmack des wirklich gebildeten Tourismus sein sollten. Darunter verdient Edward Hutton eine besondere Erwähnung, denn er fügt nicht nur die schlichte und anrührend menschliche Geschichte der heiligen Margarete in das Kapitel über Cortona ein, sondern ermöglicht mit seinen Informationen auch die Erkundung vieler Straßen rund um die Stadt. Landschaftlich reizvolle Strecken führen zu den kleinen Hügelstädten Poggi di Gioiella und Petringnano oder nach Chiusi, wo sich während der Fahrt überwältigende Ausblicke und lieblichste Landschaftsszenerien offenbaren. Andere Wege bleiben derzeit noch unentdeckt, ebenso wie andere Momente der Geschichte und Kunsttradition Cortonas noch unerforscht sind. Vielleicht hat seine Lage abseits von der »Hauptstraße« Cortona erlaubt, sich vorläufig noch einer zu erstickenden Umarmung des Tourismus zu entziehen.

Fremdenführer und Reisebücher

Ein englisch-florentinischer Reiseführer

Nur das glückliche Zusammentreffen einer umfassenden europäischen Bildung mit dem sensiblen Blick eines Landschaftsmalers, wie es der Engländer William Blundell Spence verkörpert, konnte 1848 einen Reiseführer durch das Florenz der letzten Großherzöge entstehen lassen. Das Werk mit dem Titel *The Lions of Florence* ist bis heute eines der lebendigsten Zeugnisse dieser Zeit und ein ausgezeichnetes Beispiel geschliffener Sachbuchprosa. Der »Cicerone« Spence beschränkt sich nämlich nicht darauf, für den leidenschaftlichen Reisenden ein nach Tagen aufgeteiltes Vademecum geregelter Besichtigungstätigkeit mit Illustrationen der Galerien, Kirchen und Monumente, mit Rundwegen innerhalb und außerhalb der Stadtmauern zu verfassen. Er widmet auch Malern, Bildhauern, zeitgenössischen Künstlern und ihren Ateliers genügend Raum und ergreift damit die Gelegenheit, Puristen, Klassizisten, Romantiker, kurz, die damals in Europa bekanntesten und modernsten Schulen in gefälliger Form, doch immer genau beobachtend, Revue passieren zu lassen. Unterhaltsame Kapitel beschäftigen sich außerdem mit der Kunst der professionellen »Kopisten«, Künstlern, die Reproduktionen von Kunstwerken herstellten, mit Handwerkern und Antiquitätenhändlern, wobei auch eine Reihe von Hinweisen für jene Besucher nicht vergessen wird, die voller Enthusiasmus, aber mit ebensogroßer Leichtgläubigkeit nach Florenz gekommen sind, um eine schöne Ikone mit Goldgrund oder, wer weiß, vielleicht sogar einen Andrea del Sarto zu erwerben! Der Verdienst des Bandes um das kulturelle Leben von Florenz – der Führer ist, wie gesagt, das lebendigste Handbuch über die Künstlerschulen der Mitte des 19. Jahrhunderts – geht nicht zu Lasten sei-

Ansicht von Florenz. Anonymer Stich, um 1865

ner sprachlichen und stilistischen Frische. Vor allem in der Absicht geschrieben, »den Fremden bei der Hand zu nehmen«, ihn durch das Straßengewirr der Stadt oder zu den Aussichtspunkten in der Umgebung zu leiten, zeichnet sich das Buch von Spence durch einen sehr persönlichen, zwischen Herzlichkeit und Ironie schwebenden Ton aus, und seine scharfsinnigen Schilderungen machen es zu einem kleinen Essay über die Kunst und die Sitten. Nur wenige der großen Reisenden der Jahrhundertwende werden nach ihm noch ebenso aufschlußreiche Darstellungen ihrer Sicht auf die Stadt und um neue Informationen bereicherte Analysen der Monumente anbieten können. Zu ihnen gehören die florentinischen *Stunden* von Henry James und die *Vormittage* von John Ruskin.

Der liebenswürdige und geistreiche Plauderton Spences ist ein Erbe der ruhmreichen englischen Tradition der Reiseliteratur, und zwar besonders der empfindsamen Ironie eines Sterne, ein Vorbild, das von den ersten schwungvollen Sätzen an durchscheint und dann in den wechselnden Tonlagen des Stils erkennbar wird. Ein skizzenhafter oder ironischer, dann wieder verhalten pathetischer Stil, der den Leser zum Dialog einlädt und zum Gedankenaustausch mit einer erlesenen Schar von Gesprächspartnern auffordert: Shakespeare, Goldsmith oder dem emblematischen John Bull. Verglichen mit den Autoren des *travel book* – ein Genre, das zum Vorläufer der im großen Jahrhundert des Reisens entstehenden Führer der Murrays oder Baedekers wird – ist Spence gleichzeitig ein Nachfolger und ein Erneuerer. Auch Spence paßt sich den üblichen *pleasurable instructions* der berühmtesten Führer (von Brydone, Miss Beatty oder Forsyth) an und spickt seine Schilderungen von Florenz mit Anekdoten und Begebenheiten, um die Abfolge der vorgeschriebenen Besichtigungsstationen zu beleben; er liefert historische Informationen über den Ort oder bietet kuriose und unterhaltsame Geschichten über die Sitten und Gebräuche der unterschiedlichen gesellschaftlichen Schichten. Doch abgesehen von der Sach- und Ortskenntnis, die aus diesen witzigen, kurzen Anmerkungen sprechen –

J. Pennell, *Dom und Campanile*, 1904

außerdem ein äußerst feines Ohr für die ortsüblichen Rede-
wendungen oder einzelne, farbige Dialektausdrücke –, ist der
Führer vor allem eines der schönsten Porträts der goldenen,
großzügigen Jahre, als das Florenz der Großherzöge langsam
unterging; ein heute »verschwundenes« Florenz, farbenpräch-
tig, reich an kulturellen Anregungen, Kreativität und einer feinen Ironie, die noch heute einer ausschließlich nostalgischen
Lektüre entgegensteht.

W.B. Spence hatte sich um die Mitte der dreißiger Jahre in
Florenz niedergelassen, wo er häufig das Atelier Bezzuolis –
eines damals sehr beliebten Malers – besuchte, und war selber
Landschaftsmaler geworden. Konsequenter und nachdrückli-
cher noch als andere Engländer, die im vorangegangenen Jahrhundert lange in Florenz gelebt hatten, wie zum Beispiel der
Konsul Horace Mann (berühmter Briefpartner von Horace
Walpole), hatte Spence nicht gezögert, sich ganz und gar dem
Florentiner Leben jener Zeit hinzugeben, um hier seiner Leidenschaft als Kunstsammler sowie Theater- und Musikkenner
nachzugehen. Nachdem er 1857 die Villa Medici in Fiesole er-
worben hatte, rief er Gesellschaftsabende ins Leben, die wegen der Teilnahme damaliger Gesangsgrößen an dem, was er
selbst das »teatro Spenci« nannte, berühmt wurden. Spence
einen Besuch abzustatten war für jeden durchreisenden Engländer eine ausdrückliche Pflicht, so wie es viele Jahre zuvor
obligatorisch gewesen war, sich von Thomas Patch eine Karikatur machen zu lassen, oder sich im Salon des Konsuls Mann
zu zeigen. Trotz dieses völligen Eintauchens in das Leben der
toskanischen Stadt, das ihn befähigt, den Charakter der Florentiner – vom Witz der einfachen Leute über die kleinbür-
gerlichen Gewohnheiten der »Regierungsbeamten«, bis zur
altmodischen Zurückhaltung der Patrizier – mit ungewöhnlicher Genauigkeit zu erfassen, hält Spence seine europäische
Bildung lebendig. Sie bietet ihm ein Korrektiv gegen eine allzu
sentimentale Bindung an seine Wahlheimat.

Dank dieser Eigenschaften bleibt sein Buch ein unverzicht-
barer Bezugspunkt in den Verbindungen zwischen Florenz

J. Pennell, *Bargello*, 1904

und der britischen und amerikanischen Welt. Tatsächlich ist es
fast immer eine Art Reisepaß, mit dessen Hilfe der Fremde
Kontakt zu der Stadt, ihrer kulturellen Tradition und ihrem
Kunstbetrieb aufnimmt. Mitunter geschah es, daß die Besucher
sich so sehr in das »little London« verliebten, daß sie dort
ihren festen Wohnsitz nahmen, wie die Brownings oder später
die Vestalin des *genius loci,* Vernon Lee. Für den heutigen Leser
besteht der Wert des nüchternen, scharfsinnigen »Cicerone«
Spence darin, daß er ihm lange vergessene Rundwege zum Leben erwecken und ihm alte Bräuche ins Gedächtnis rufen kann
(man lese die Seiten über den Karneval oder die ironischen

Stellen über den Friedhof von Trespiano). Auch läßt er ihn über Straßen, die man sonst zerstreut durcheilen würde, in das Labyrinth der Erinnerungen dieses Ortes eintreten. Die fesselnde Lektüre dieses Stadtführers eines reisenden Malers, der in den letzten Jahren der Großherzöge in Florenz ankam (und später mit dem Titel eines Ritters der Italienischen Krone ausgezeichnet wurde – ein vielsagender Rückbezug auf die Geschichte), das unterhaltsame Blättern in Seiten, die damals für die kosmopolitische Elite geschrieben wurden, kann zur unerwarteten Wiederentdeckung eines ganz in der Nähe liegenden, reichen künstlerischen Erbes werden. Auch heute noch kann uns eine solche Wiederentdeckung helfen, den *genius loci*, das Wesen einer Landschaft, den vorherrschenden Stil einer Stadt bewußter wahrzunehmen und zu verstehen.

Auf jeden Fall wird es für diejenigen, die sich mit der Kunstgeschichte der Jahrhundertmitte und mit den Kriterien des ästhetischen Urteils der großen Italienreisenden beschäftigen, Überraschungen darin geben. Als Beispiel sei nur Spences subtile Kritik an Ruskins *Modern Painters* angeführt, einem Buch, das damals ebenso druckfrisch war wie die Aufregung, die es provoziert hatte; oder seine Karikaturen der gerade entstehenden Bewegung der Präraffaeliten und der römischen Malerschule der Nazarener, als Anzeichen für eine latente, radikale Auseinandersetzung mit denen, die den »Geschmack der Primitiven« verteidigten.

Der pragmatische, konservative Spence erwarb das beachtliche Verdienst, die italienische – und besonders die Florentiner – Kunsttradition zu erläutern, ohne einen Bruch zwischen der ruhmreichen Vergangenheit und der aktuellen Gegenwart zu postulieren. Dies gelingt ihm, weil er die italienische Kunst in den größeren europäischen Kontext einfügt: »Heutzutage haben ein Greuze, ein Tiepolo, ein Watteau, ein Carlo Dolci den Platz eingenommen, den einst Tizian, Paolo Veronese, Caravaggio innehatten ...«, und weiter: »Ich zögere nicht, diese Art von Exklusivität bei einem *chef-d'école,* bei einem Overbeck, Cornelius, Ingres, einem Wilkie oder Landseer zu entschul-

J. Pennell, *Via Tornabuoni*, 1904

digen...« Zwar versäumt er nicht, zuweilen scharfzüngig-pole-
mische Anmerkungen zum Neoprimitivismus einzustreuen:
»Und so haben wir uns, statt die großartigen Linien Giottos
und Duccios wieder aufzunehmen, statt die sanften Gesichter
des Angelico zu malen..., daran gemacht, Füße und Hände zu
porträtieren, minuziöseste Studien von Blumen oder Fragmen-
ten von Stelen zusammen mit langweiligen Gesichtern und kan-
tigen Kleidern anzufertigen, womit wir endlich beweisen, daß
die Ignoranz ein Segen, die Weisheit dagegen ein Wahnsinn ist.«

Doch seine Beschreibung der kulturellen und künstlerischen Schätze von Florenz zeugt von vollkommener Gelassenheit und großen Kenntnissen der Quellen.

Wer zuletzt auch noch die Ikonographie des 18. und 19. Jahrhunderts rekonstruieren will, mit der das großherzogliche Florenz in den Alben und Mappen der Kupferstecher und Vedutenmaler – dem wichtigsten Medium zur Verbreitung künstlerischer Stadt- und Landschaftsansichten – dargestellt wurde, der kann sich getrost diesem Führer anvertrauen, der die beliebtesten Plätze der Landschaftsmaler sorgfältig verzeichnet: Bellosguardo, l'Apparita ... alles Ausblicke über das Arnotal und Ansichten der Stadt Florenz, die der Fremde, der sich auf der Rast umschaut, oder der Wanderer, der sich dieser Gegend nähert, wiedererkennen wird. In einem so einzigartigen Führer wie diesem kommen nämlich zwei wesentliche Faktoren zusammen: die Kenntnisse des gelehrten Kunsthistorikers – der typische englische *connoisseur* – und die Sensibilität des Genre- und Vedutenmalers. Dies erklärt die erstaunlich kontinuierliche Vorliebe für Maler wie Claude Lorrain und Salvator Rosa, die sich in den Reiseberichten der *Grand Tour* des 18. Jahrhunderts bis hin zu Spence beobachten läßt. In den beiden großen Poeten der Landschaftskunst erblickte man den Inbegriff der erfolgreichen Tradition des »Pittoresken« – ein besonders bei Naturdarstellungen geläufiger künstlerischer Stil. Das Pittoreske hatte seine eigenen festen Regeln und Gesetze, die die Liebhaber der italienischen Landschaft begeistert befolgten und so zu einer vornehmen und bewährten Grammatik des Sehens machten. Eine Grammatik, die im frühen 19. Jahrhundert gerade englische Aquarellisten und Kupferstecher, Prout, Harding, de Wint, aktualisiert und verbreitet hatten, die zu Spences Zeiten aber bereits von den didaktischen Aquarellen Ruskins und den atmosphärischen Visionen Turners verdrängt wurde.

Das Schönste, behauptete Henry James, was man nach einem langen Spaziergang vor der Porta Cavalleggeri machen könne, sei, sich in einem Salon zusammenzusetzen und über den Roman zu plaudern, der gerade groß in Mode ist. James nennt *Middlemarch* von George Eliot, vielleicht weil er Bemerkungen enthält, die nicht immer schmeichelhaft sind für die bei Amerikanern beliebteste Stadt Italiens: »Rom, die Stadt der sichtbar gemachten Geschichte, wo die Vergangenheit einer ganzen Hemisphäre in eine Art Begräbnisfeier zu münden scheint, mit seltsamen alten Bildern und Trophäen, die in fernen Ländern eingesammelt wurden ... Rom, diese bedrückende Maske der Geschichte ...«

Gerade weil Rom für den Fremden in Italien jahrhundertelang den stärksten Anreiz bildete, scheint jede Lesart dieser Stadt den vorausgegangenen Beobachtungen mehr oder weniger offenkundig Tribut zu zollen. Man könnte sagen, die historischen Schichten und die von Anspielungen und Zitaten überquellenden Texte über Rom haben sich in analoger Weise übereinandergelagert. So bemerkt zum Beispiel William Weaver:

> »Auch das moderne Rom besitzt eine literarische Patina. Es ist kaum möglich, sich ins Kolosseum zu setzen, ohne an Henry James und seine *Daisy Miller* zu denken. Aus dem gleichen Grund fällt es schwer, irgendein beliebiges Monument, einen Platz, eine antike Ruine zu besichtigen, ohne sich an das zu erinnern, was vorangegangene und recht berühmte Besucher – von Stendhal, über August Hare und Eleanor Clark bis zu Anthony Burgess – gesehen und beschrieben haben. Manchmal wird das Gewicht der Vergangenheit fast unerträglich. Als vor wenigen Jahren ein hervorragender

amerikanischer Maler vierundzwanzig Stunden nach seiner Ankunft Rom wieder verließ, habe ich diese Reaktion verstanden, auch wenn ich seinem Beispiel nicht gefolgt wäre.«

Wenn wir die Ausführungen Weavers weiter verfolgen, wird Rom auch für uns zu einer Stadt aus vielen übereinanderliegenden Schichten:

»Dies bedeutet, daß die älteste Schicht unter der mittelalterlichen Stadt, diese wiederum unter der barocken und der Stadt Umbertos liegt. Geht man durch eine Straße des Zentrums, entdeckt man mit Sicherheit eine Säule, die in die Fassade eines barocken Gebäudes eingebaut wurde, oder ein Stück einer antiken Mauer, die sich in der Eingangshalle eines modernen Hauses aus Glas und Stahl gut ausnimmt. Einige der Ruinen waren im Mittelalter bewohnt, andere sind es immer noch ... Wo auch immer man durch die Stadt läuft, spürt man die Vergangenheit unter den Füßen: Sie ist das Gerüst, der Sockel, der Unterbau der Stadt Rom, in der die Menschen heute leben.«

Auf den letzten Seiten seines vor kurzem erschienenen Pamphlets mit dem Titel *Autour des sept collines* entwickelt Julien Gracq die Idee der aus Schichten gebildeten Stadt zu einer Reflexion über die Geschichte weiter und fragt danach, wie eine Stadt überhaupt erbaut und bewohnt wird: »Auch nach dem Untergang des Römischen Reiches gab es einige Versuche, die Monumente der Hauptstadt, die fast unversehrt geblieben waren, wieder aufzubauen ...« Dann aber wurde Rom zu einem Marmorsteinbruch, die alten Säulen wurden in den Kirchen wiederverwendet, die Marmorblöcke für die Brennöfen herausgerissen. Massige Mauerwerke, die durchaus nicht zerstört werden konnten, wurden als lästige Hindernisse auf dem Stadtgebiet angesehen, und man versuchte, sie wenigstens noch zu Verteidigungszwecken zu nutzen: das Kolosseum, die Engelsburg, das Marcellustheater und das Mausoleum des Augustus wurden in Gefängnisse verwandelt, und auf den Triumph-

William Turner, *Rom, St. Peter, von Westen her gesehen*, 1819

bögen des Titus und des Konstantin erhoben sich sogar zinnengekrönte Feudaltürme.

An diese Beobachtungen schließt sich eine sehr interessante Überlegung an, die Aufschluß über die unfreiwillige Theatralik Roms gibt, über die unerhörte Verschwendung, die es mit seinen Altertümern und den Schätzen seiner Kulturlandschaft trieb:

»Mir scheint, daß Spengler in seinem *Untergang des Abendlandes* einer tiefverwurzelten Unduldsamkeit gegenüber den Wohnstätten älterer Kulturen nicht die Bedeutung beimißt, die sie verdient: Es ist, als würde die Leistung einer untergegangenen Zivilisation nicht nur in ihren schwerer übertragbaren ›kulturellen‹ Erscheinungsformen, sondern auch in den im engeren Sinn nützlichen Schöpfungen, die einem praktischen Verständnis leichter zugänglich sind, unbegreiflich werden, unbrauchbar für ihre Erben, und als würde sie sich durch den neuen Blick, mit dem sie gesehen wird – mit all ihren Aquädukten, Brücken, Toren, Straßen, Türmen, Tempeln und Gebäuden – in eine Landschaft verwandeln, in nichts als eine Landschaft.«

173

Samuel Prout, *Ansicht von Rom*, 1832

Die Funktionslosigkeit der antiken Bauten ist gleichbedeutend mit dem Erfolg eines Mythos, dem Mythos von der Stadt der Geschichte, der lebendigen Geschichte. Eben diese Aquädukte, Brücken, Tore, Straßen, Türme, Tempel und Gebäude sind zum Bühnenbild einer pittoresken Inszenierung geworden, die bis in unsere Tage reicht. Man lese folgende wichtige Bemerkungen aus Francis Claudons Abhandlung *Rom, das Welttheater*, die, mit Zitaten gespickt wie mit Aufschüttungsmaterial, der Dramatik der dargestellten Szene durchaus entspricht:

»Geht zum Kolosseum und stellt euch das riesige Rund mit vierzig- oder fünfzigtausend Zuschauern zum Bersten gefüllt vor... ich versichere euch, daß Madame de Staël nicht übertrieb, als sie in *Corinne* sagte: ›Wenn man das Kolosseum nur bei Tage gesehen hat, darf man nicht behaupten, es kennengelernt zu haben, in der Sonne Italiens gibt es einen Glanz, der allem ein festliches Aussehen verleiht; der Mond ist das Gestirn der Ruinen.‹ Diese in Finsternis gehüllte Stadt, die das Auge kaum erfassen kann, die aus riesigen Bögen und Säulen jeder Größe und Form besteht, als wollte sie das bib-

Piazza Navona. Anonymer Stich, 1840

lische Babel übertreffen, wird euch sofort die tragische Ironie der Geschichte vor Augen führen.«

In der Nachfolge jener romantischen Tradition, auf die die
eben zitierten Autoren anspielen, steht der 1845 in New York
und London erschienene Reiseführer *A New Yorker in Rome* des
Amerikaners William M. Gillespie. Konzipiert und geschrieben
als monographischer Führer für die zahlreichen Landsleute,
die Rom besuchen wollten, bietet der Text eine überraschend
große Auswahl an Sehenswürdigkeiten, Hinweisen und sehr lebendigen Beschreibungen. Diese ungewöhnlichen Vorzüge bei
einem Stadtführer, der nichts mit dem herkömmlichen Reisebericht gemein hat, machen ihn zu einem kostbaren Zeugnis
für den Kunsthistoriker, der hier genaue Hinweise auf den Aufenthalt ausländischer Künstler in der Stadt findet; für den an
Folklore Interessierten, der in diesem Buch farbige Reportagen über die Riten, Kulte und abergläubischen Gewohnheiten
entdeckt; für den Liebhaber einer topographischen Stadtgeschichte, der nun den Stadtplan eines zum großen Teil verlorenen Rom rekonstruieren kann.

Samuel Prout, *Aventin-Hügel*, 1832

Nachdem er seine Aufgabe als touristisches Vademecum nunmehr erfüllt hat, ist der Band von Gillespie heute der beste Führer für eine Reise in die Vergangenheit einer »Stadt, die eine Autopsie von sich selbst gemacht hat«, um es mit Julien Gracq zu sagen. Gleichzeitig ist er der geeignetste Reisebegleiter für Besucher, die sich auf dem faszinierenden Stadtplan der in Rom spielenden englischen und amerikanischen Literatur zurechtfinden wollen, von Hawthornes *Marmorfaun* bis zu den Romanen und Erzählungen von Henry James.

Das größte Verdienst Gillespies ist es aber, unverblümt, doch ohne Selbstgefälligkeit auf das zutiefst widersprüchliche Verhalten aufmerksam gemacht zu haben, das der amerikanische Intellektuelle des letzten Jahrhunderts – ebenso wie der von heute, wenn es nach Weaver ginge – gegenüber der europäischen Geschichte und ihrem Kondensat, Rom mit seinen zweitausendjährigen Schichten aus Ruinen und Ereignissen, gezeigt hat. Sein Verhalten zeugt einerseits von einem starken Interesse an diesem immensen Panorama der Geschichte, in dem er seine eigenen, entfernten Wurzeln weiß, und anderer-

Samuel Prout, *Villa Borghese*, 1832

seits von Verwirrung, ja Angst. Es ist die Übersättigung der
Sinne mit der bedrängenden Unmittelbarkeit der Vergangenheit, ihr plötzliches Hervorbrechen, ihre Ausbreitung ringsumher im grellen Sonnenlicht, was diese Angst hervorruft. Wenn
man zudem berücksichtigt, daß seine puritanische Tradition
ihn gelehrt hat, die Geschichte negativ, als irdisches Jammertal,
als etwas Unerforschliches, Finsteres aufzufassen, läßt sich
leicht verstehen, warum sich diese pessimistische, undifferenzierte Sicht angesichts eines Stadtbildes, dessen unzählige Verführungen und Schmeicheleien die Vergangenheit fortwährend
inszenieren, in eine durchaus ambivalente Faszination verwandelt.

Diese Dialektik, bei der der Besucher von einer Vergangenheit, die direkt in die Dekadenz und Untätigkeit der Gegenwart
überzugehen scheint, gleichzeitg angezogen und abgestoßen
wird, ist das originellste Element des Buches. Ein Bändchen,
das, wie man nicht vergessen sollte, für den »leidenschaftlichen
Italienpilger« verfaßt wurde. Da es sich um einen Stadtführer
handelt, kommen ihm die üblichen Kapitel und Rubriken zu

Hilfe: die genau geplante und zum Teil sehr instruktive Annäherung an die Monumente; der Zuschnitt der Szenen nach dem Muster des »Pittoresken«, das den gebildeten Reisenden des 19. Jahrhunderts wohlbekannt war; die Notwendigkeit, als Abschreckungsmittel gegen das Auftauchen von Geistern nützliche Informationen aufzuzählen; die aus praktischen Gründen erforderlichen Ratschläge, wann und wie bestimmte Besichtigungen am besten durchzuführen seien (die Ruinen im Mondschein, die Statuen der Vatikanischen Galerien im Licht von Fackeln…) – kurz, Kapitel und Rubriken eines Führers, der seinen Gegenstand durchaus mit Pathos überzieht, ihn aber gleichzeitig in sicherem Abstand hält. Das für diesen Zweck wirksamste Mittel ist die Ironie, die immer dann zum Zuge kommt, wenn die Abgesandten der Vergangenheit mit zu großer Aufdringlichkeit und verstörender Doppelzüngigkeit in die Gegenwart einbrechen. Die ironische Ader zeigt sich schon in einer Kapitelüberschrift, die »Kardinäle, Mönche, Bettler und Straßenräuber« zusammenstellt. Und neben dieser feinen Ironie und Selbstironie – auch gegenüber allzu italianisierten Fremden – sei noch an den gesunden britischen Pragmatismus erinnert, mit dem der Reiseführer in einem entsprechenden, sehr unterhaltsamen Kapitel die besten Speiselokale und Wirtshäuser Roms und ihre schmackhaften Gerichte aufzählt.

Im Jahre 1860 macht der Geologe und leidenschaftliche Etruskologe Louis Simonin auf der Durchreise nach Chiusi Station
in Arezzo. Er findet dort Unterkunft im Tamburo, »einem alten
Gasthaus, das schon Michelangelo und Vasari beherbergt haben muß«. An seinen rußigen Wänden »hängen alte, glasierte
Fayence-Teller«, und über der Treppe kann man ein altes
Gemälde mit einer nach byzantinischer Art gemalten Madonna
sehen. Hier läßt unser Gast nach Filippo Palmi rufen, dem ob-
ligatorischen Führer für die Reisenden, die in jenen Jahren die
Stadt besuchen. »Filippo Palmi ließ nicht auf sich warten«, erzählt Simonin. »Er ist bereits ein alter Mann, sein Bart und
seine Haare sind weiß, er ist gutgekleidet und zurückhaltend.
Im Unterschied zu anderen italienischen Führern spricht er
nur, wenn man ihn etwas fragt. Ich besuchte die interessante
Stadt in Begleitung dieses vorbildlichen Führers, der nicht
ohne Stolz daran erinnerte, daß er vor fünf Jahren dem berühmten Layard die Sehenswürdigkeiten Arezzos gezeigt hatte.«
Austen Henry Layard muß Simonin bekannt gewesen sein,
denn er hatte zwischen 1845 und 1849 aufsehenerregende Aus-
grabungen in Mesopotamien und Persien durchgeführt, die in
der Entdeckung Ninives gipfelten und dem British Museum zu
unermeßlichen Schätzen assyrischer Kunst verhalfen. Nach
1850 wandte sich dieser hervorragende Vertreter des viktorianischen England, der schon eine glänzende, breitgefächerte
Karriere als Archäologe, Kunstkenner, Politiker, Diplomat,
Schriftsteller und unermüdlicher Reisender hinter sich hatte,
wieder der italienischen Renaissancekunst zu, die er schon in
seinen Jugendjahren bei vielen Aufenthalten in der Toskana
liebengelernt hat. Er unternimmt also nach seiner Rückkehr
aus dem Nahen Osten mehrere Reisen durch Italien, um sich,

einem außergewöhnlich sicheren Gespür folgend, mit der damals noch wenig geschätzten Kunst der Primitiven zu beschäftigen. Im einzelnen führt er Forschungen für die Arundel Society und ihr Programm einer Bilddokumentation durch, das darin besteht, vom Verfall bedrohte, italienische Freskenzyklen zunächst als Stiche zu kopieren und dann in mehrfarbige Lithographien umzusetzen. Layard selbst erzählt von dieser Erfahrung in einem langen, anschaulichen Artikel aus dem Jahre 1858, der unter anderem seine schriftstellerische Begabung zeigt. Zunächst erklärt er die besonderen Absichten der Arundel Society, nämlich »die Zeugnisse einiger der berühmtesten Beispiele der Maltradition mit Hilfe getreuer Kopien zu erhalten«. Obwohl sich nämlich, fährt er fort, unter den Fresken aus der Blütezeit der modernen Kunst des 14. und 15. Jahrhunderts die Meisterwerke der wichtigsten italienischen Maler befinden, werden diese Fresken erst seit kurzer Zeit verstanden und bewundert, und sind bis heute noch wenig bekannt. Im Unterschied zur Staffeleimalerei handelt es sich hierbei nicht um Objekte, die transportiert werden können, wenn sie erst einmal Neugier und Bewunderung geweckt haben: Außerdem besitzen die Fresken für ihre Eigentümer keinen Verkaufswert. Jahrhundertelang sind sie in öffentlichen Gebäuden und in Kirchen geblieben, und dort werden sie bleiben, bis die Zeit sie endgültig von den Wänden gerissen hat. Geldmittel wären nötig, um sie zu restaurieren und sie vor den Unbilden der Zeit und dem Zugriff der Menschen zu schützen, doch die Italiener sträuben sich, wenn es darum geht, Geld für derartige Initiativen auszugeben. Anschließend zählt Layard die Gründe auf, die zum vielfach unaufhaltsamen Verfall ganzer Freskenzyklen geführt haben. Unter anderem erwähnt unser Reisender die Schwülstigkeit des Manierismus, die sich mit der Betonung von Gliedmaßen und Muskeln über die Nüchternheit der alten Meister gelegt hat; den neoklassizistischen Reinlichkeitswahn, der die Wände weiß übermalte; die Gepflogenheit, vor allem in napoleonischer Zeit, Kirchen und Klöster in Militärunterkünfte zu verwandeln; die eingefleischte Angewohnheit, die freskenbemalten Wände verrußen zu lassen und sie mit Haken und Nägeln zum Aufhängen von Paramenten und Gardinen zu bestücken; ganz zu schweigen schließlich von der unheilvollen Arbeit der Restauratoren in jüngster Zeit, die sich als ein »weitaus gefährlicheres Übel« erwiesen habe als alle Unglücksfälle, die die Fresken im Lauf der Jahrhunderte erleiden mußten.

Die Fresken, denen Layard seine hingebungsvollen Analysen widmete, und deren Beschreibungen zusammen mit den Lithographien ab 1857 veröffentlicht wurden, sind der *Tod des heiligen Franziskus* von Domenico Ghirlandaio in der Kirche Santa Trinità und die Brancacci-Kapelle mit den Werken von Masolino, Masaccio und Filippo Lippi in der Kirche del Carmine, beide in Florenz. Außerdem, nach Aufenthalten in Arezzo und Sansepolcro, über die wir noch genauer sprechen werden, die *Muttergottes mit Heiligen* von Ottaviano Nelli in der Kirche Santa Maria Nuova in Gubbio, die *Geburt Christi* des Pinturicchio in Santa Maria Maggiore in Spello, und schließlich die *Muttergottes auf dem Thron* von Giovanni Santi in der Kirche San Domenico in Cagli.

Wie aus den Datierungen auf den durchgepausten Zeichnungen hervorgeht, hält Layard sich mit Sicherheit mindestens vom 23. bis zum 28. September 1855 in Arezzo auf. Den Hinweisen in Vasaris *Lebensläufen der berühmtesten Maler, Bildhauer und Architekten* folgend, die er als einen regelrechten Führer durch größtenteils verlorene oder in fortschreitendem Verfall begriffene Kunstschätze benutzte, gilt sein Hauptinteresse den gefährdeten Fresken von Spinello Aretino und denen Piero della Francescas.

Obgleich kaum bekannt, ist das Werk Layards heute aus zwei Gründen von Interesse, zumindest was Piero betrifft. Zum einen bilden seine durchgepausten Zeichnungen ein unentbehrliches Dokument für die Rekonstruktion der wechselvollen Geschichte dieser Fresken. Zum anderen ist Layard neben Lindsay und Dennistoun der erste, der ein positives, überdies erstaunlich modernes Urteil über die Kunst Pieros abgibt, der damals allgemein als ein unbedeutender umbrischer Maler galt. Hören wir jetzt das lebendige, noch immer originelle Zeugnis unseres Reisenden:

»Die Maler, die dieses Jahrhundert mit ihren Fresken eindringlich charakterisieren, sind Piero della Francesca, Filippo Lippi, Benozzo Gozzoli, Masolino, Masaccio, Filippino Lippi und Ghirlandaio. Aufgrund seines Genies und dem Alter nach gebührt der erste Platz Piero della Francesca, einem Maler, der außerhalb Italiens wenig bekannt ist. Er ist einer jener Meister, dessen Staffeleimalereien nur eine vage Vorstellung von seiner Originalität und Kraft ermöglichen. Er ist vor allem ein Freskenmaler, der zeigt, daß er diese Technik meisterhaft beherrscht. Unglücklicherweise sind nur zwei seiner wichtigsten Werke der Zerstörung entgangen. Das umfangreichere besteht aus den Fresken hinter dem Hauptaltar der Kirche San Francesco in Arezzo, die die apokryphe Geschichte des wahren Kreuzes darstellen, eine Legende voller wundersamer Zwischenfälle und Begebenheiten, die der Phantasie des Malers breiten Raum bieten. Kennzeichnend für seine Freskenmalerei sind viele vornehme, gewaltige Männergestalten und Pferde, die sehr deutlich vom Studium der Antike zeugen; große Geschicklichkeit bei der Darstellung menschlicher Emotionen; viele einfallsreiche, durch bestimmte Blickwinkel und Halbschatten erzielte perspektivische Wirkungen. Das Zusammenspiel all dieser Eigenschaften auf einem sehr hohen Niveau riß Vasari zu dem Ausruf hin, diese Fresken, ›dürfen im Verhältnis zu den damaligen Zeiten zu schön und zu meisterhaft genannt werden‹... Das andere Werk Pieros, nach Meinung seines Biographen das wichtigere, befindet sich in seiner Geburtstadt, in Sansepolcro. Es handelt sich um die *Auferstehung* unseres Herrn. Das Siegesbanner mit dem roten Kreuz hocherhoben und das Schweißtuch um sich zusammenraffend, verläßt der Heiland mit feierlichem Schritt das Grab. Auf seinem Gesicht, in den großen, ins Leere gerichteten Augen, in den unbeweglichen, ruhigen Zügen, liegt eine schreckliche Erhabenheit, die nicht von dieser Welt ist.«

Das Urteil, das Layard im Rahmen eines Textes mit durchaus ironischen Anklängen über die Kunst Piero della Francescas abgibt, überrascht, wie gesagt, durch die Modernität seiner Begründungen. Layard sollte später auf den Maler aus Sansepolcro zurückkommen, in einem enthusiastischen, ergänzenden Beitrag zu Klugers *Handbook of Painting. The Italian School,* das 1874 von Lady Eastlake wiederaufgelegt wurde. Die Bedeutung, die Layard für die Geschichte der Entdeckung Piero della Francescas besitzt, übertrifft demnach die eines engagierten und aufmerksamen Zeugen, der versucht, die Umrisse eines vom Zerstörungswerk der Zeit bedrohten Universums auf dem Papier festzuhalten. Er hat die Themen einer kritischen Diskussion skizziert, deren Grundlagen erst ab 1897 mit der ersten Forschungsarbeit Berensons, *Central Italian Painters of the Renaissance,* gelegt wurden.

Man könnte sich an dieser Stelle fragen, welche Komponente seiner Bildung und Kultur Layard dazu bewegt haben mag, sich so interessiert mit Piero della Francesca zu beschäftigen, von dem er als erster behauptet, ihm gebühre das Recht des Erstgeborenen und die malerische Überlegenheit über die anderen Großen des Quattrocento. Einem Kenner Layards zufolge war es der langjährige Umgang mit der assyrischen Kunst, das heißt mit der Unnahbarkeit und essentiellen Schlichtheit der Basreliefs des Palastes des Assurbanipal, der ihn für die unpersönliche, gleichmütige Botschaft Piero della Francescas empfänglich gemacht hat. Zum Beweis für diese Behauptung sei daran erinnert, daß Jahre später niemand anderes als Berenson das Fehlen von individuellen Ausdrücken und Gefühlen in der Kunst Pieros erklären wird, indem er sie mit der Kunst des alten Ägypten und Mesopotamiens vergleicht. Zweifellos scheint die Ungerührtheit, mit der Piero die »Schrecken« des Krieges auf den Wänden der Kirche San Francesco mit unzähligen abgetrennten Köpfen und durchbohrten Kehlen abbildet, auf eben diesen Wänden die absolute Gleichgültigkeit wiederaufleben zu lassen, mit der unbekannte assyrische Bildhauer die Qualen der Kriegsgefangenen festhielten. Aufgrund einer jener Paradoxien, die das Salz einer ebenso gründlichen wie breitgefächerten Bildung sind, haben die romantische Leidenschaft des Archäologen und seine Lust am intellektuellen Abenteuer ihm den Schlüssel für die hermetische Formensprache Pieros in die Hand gegeben.

Doch Layards Reise nach Arezzo wie die in viele andere größere und kleinere Städte Mittel- und Norditaliens – ein Weg, der von Entdeckungen und ungewöhnlichen Neubewertungen gesäumt wird – ist auch eine Reise auf den Spuren Vasaris. Die räumliche Dimension der Reise überschneidet sich auf den Seiten seines Berichts fortwährend mit der zeitlichen, und er schafft damit unwissentlich ein neues, innovatives Modell des Reisens. Es hätte einem »leidenschaftlichen Pilger« wie Henry James gefallen, der es liebte, mit einem vor hundert Jahren erschienenen Führer herumzufahren. Auch in diesem Sinn hört man Layard und seine Beschreibung der *Auferstehung* Piero della Francescas wie ein Echo in Aldous Huxleys Definition wiederklingen, der dieses Bild »das schönste Gemälde der Welt« nannte. Beide beweisen wiederum den Rang des großen »Cicerone«, der Giorgio Vasari für die viktorianischen Engländer wie für die Vertreter der Moderne war.

Wir haben oben im Zusammenhang mit dem Kapitel über Piero della Francesca und seinen Geburtsort aus Aldous Huxleys Buch *Along the Road. Notes and essays of a tourist* zitiert. Neben seinen scharfsinnigen Beobachtungen über den Maler – als das Buch 1925 erschien, war Longhis Biographie noch nicht herausgekommen – hatte Huxleys Passage über Piero eine rettende Wirkung. Die sakrale Ortsbezeichnung Sansepolcro – Heiliges Grab – und vor allem der Superlativ, der immer wieder auftaucht – »das schönste Gemälde der Welt« –, haben dazu beigetragen, die *Auferstehung* Pieros vor den Kanonenschüssen zu retten, die 1944 dem Durchzug der Front vorausgingen. Während der Beschießung der Stadt, die noch in der Hand der Deutschen war, geschah es nämlich, daß dem Artilleristen Anthony Clarke, der auf einem der umliegenden Hügel in seiner Stellung hockte, ein leiser, quälender Zweifel durch den Kopf ging. Warum kannte er den Namen Sansepolcro? Er hatte ihn irgendwo schon einmal gehört, und wenn er sich recht erinnerte, mußte es im Zusammenhang mit etwas Bedeutsamem gewesen sein. Doch ihm fiel nicht ein, wo und wann ... da erinnerte er sich blitzartig wieder daran, warum er diesen Namen kannte. In Sansepolcro gab es »das schönste Gemälde der Welt«! Er hatte den Aufsatz von Huxley im Alter von ungefähr achtzehn Jahren gelesen und erinnerte sich jetzt deutlich an die Beschreibung der mühsamen Reise von Urbino nach Sansepolcro, und wie lohnend es gewesen war, sie zu unternehmen, denn am Ziel erwartete Huxley die *Auferstehung* von Piero della Francesca, »das schönste Gemälde der Welt«... Am nächsten Tag zog der Artillerist Clarke mit seiner Truppe ohne Blutvergießen in die Stadt ein. Er fragte sofort, wo sich das Bild befinde. Das Gebäude war unversehrt. Er eilte hinein und siehe, da war es vor seinen Augen, vollkommen und unversehrt: ein herrliches Bild! Die Leute hatten begonnen, das Fresko mit Sandsäcken zu bedecken, waren aber erst bis zur Hüfte der Christusgestalt gekommen. Er schaute zur Decke auf: Eine Granate hätte ausgereicht, das zu zerstören, was über Jahrhunderte bewundert worden war. Viele Jahre später fragte er sich immer noch, wie er sich gefühlt hätte, wenn er die *Auferstehung* zerstört hätte. Er hatte auch daran gedacht, Aldous Huxley zu schreiben. Was geschehen war, hätte ein schönes Beispiel für die Macht der Literatur geben können.

Die Feder des Reisenden, fügen wir hinzu, denn die Geschichte des Artilleristen, den die Erinnerung auf der Straße nach Sansepolcro wie ein Blitz traf, wäre heute schon vergessen, wenn Henry Vollham Morton sie nicht im Bericht über seine Italienreise mit großer Lebendigkeit wiedergegeben hätte. Morton erzählt, daß er um 1955, kurz vor seiner Abreise nach Italien, in einen kleinen Laden mit alten Büchern in Kapstadt gegangen war, um einen seltenen Band über Florenz zu suchen. Der Buchhändler, der Anthony Clarke hieß, habe ihn mit Erzählungen über Italien unterhalten, das er als Offizier der Artillerie während des letzten Krieges kreuz und quer durchfahren hatte. »Ich bin sicher«, hatte er am Schluß hinzugefügt, »daß ich die *Auferstehung* Piero della Francescas in Sansepolcro gerettet habe.« Überrascht habe Morton ihn nach dem Warum gefragt und sich sofort daran gemacht, die Geschichte, die ihm sein Gegenüber erzählt hatte, in aller Ausführlichkeit aufzuschreiben. Obwohl es in der Nachkriegszeit viele Aufzeichnungen britischer und amerikanischer Truppenführer gab, die an die Rettung italienischer Kunstwerke erinnern, sei ihm die Erzählung Anthony Clarkes besonders ehrlich und uneitel erschienen.

Hinweise für den Reisenden

Addison, Joseph, *Remarks on Several Parts of Italy*, London 1705.

Adorno, Theodor W., *Luccheser Memorial*, in: *Gesammelte Schriften*, Frankfurt/M. 1977, Bd. 10.1

Alberti, Leandro, *Descrizione di tutta l'Italia*, Venedig 1553.

Beckford, Peter, *Familiar Letters from Italy*, 2 Bde., Salisbury/London 1787.

Belloc, Hilaire, *A Path to Rome*, London 1902.

Benjamin, Walter, *Denkbilder*, in: *Gesammelte Schriften*, Frankfurt/M. 1972, Bd. IV.1.

Boito, Camillo, *Storielle vane*, Mailand 1876.

Blessington, Lady M., *The Idler in Italy*, London 1839.

Borchardt, Rudolf, *Italienische Städte und Landschaften* (1908), Stuttgart 1998.

Bourget, Paul, *Sensations d'Italie: Toscane, Ombrie,* Paris 1891.

Brandi, Cesare, *Terre d'Italia*, Rom 1991.

Calvino, Italo, *Die unsichtbaren Städte* (1972), München 1997.

Carmichael, Montgomery, *In Tuscany: Tuscan towns, Tuscan types, Tuscan tongue*, London 1901.

Ceronetti, Guido, *Un viaggio in Italia*, Turin 1983.

Chateaubriand, François René Auguste de, *Reise nach Italien. Erinnerungen aus Italien, England und Amerika* (1827), Genf 1968.

Clark, Kenneth, *Piero della Francesco*, London 1950.

De Carlo, Giancarlo, *Nelle città del mondo*, Venedig 1995.

Dennis George, *Die Städte und Begräbnisplätze Etruriens* (1848), Leipzig 1985.

Dennistoun, James, *Memoirs of the Dukes of Urbino*, London 1842.

Dickens, Charles, *Bilder aus Italien* (1846), München 1981.

Durrell, Lawrence, *Spirit of Place*, London 1969.

Faure, Gabriel, *Heures d'Ombrie*, Paris 1907.

Faure, Gabriel, *Rom und seine Gärten*, Würzburg 1960.

Field, Carol, *The Hill towns of Italy*, New York 1983.

Forsyth, Joseph, *Remarks during an Excursion in Italy*, London 1816.

Forsyth, Joseph, *Remarks on Antiquities, Arts and Letters in Italy*, London 1835.

Furttenbach, Joseph, *Newes Itinerarium Italiae*, Ulm 1627 (Nachdruck: Hildesheim 1971).

Fussell, Paul, *Abroad: British literary travelling between the wars*, New York 1980.

Gadda, Carlo Emilio, *Die Wunder Italiens*, Berlin 1998.

Gillespie, William, *A New Yorker in Rome*, New York 1845.

Goethe, Johann Wolfgang von, *Italienische Reise*, in: *Sämtliche Werke. Briefe. Tagebücher und Gespräche*, Frankfurt/M. 1993, Bd. 15/1.

Gracq, Julien, *Autour des sept collines*, Paris 1989.

Green, Julian, *Meine Städte: ein Reisetagebuch 1920–1984*, Mch. 1986.

Hamilton Gray, Elizabeth C., *Tour to the Sepulchres of Etruria in 1839*, London 1841.

Hare, Augustus J.C., *Cities of Central Italy*, London 1884.

Harrison, Ada M., *Some Tuscan Towns*, London 1924.

Hawthorne, Nathaniel, *The French and Italian Notebooks* (1874), Columbus, Ohio 1980.

Hawthorne, Nathaniel, *Der Marmorfaun* (1860), Frankfurt/M. 1988.

Hazlitt, William, *Notes of a Journey through France and Italy*, in: *The Complete Works of William Hazlitt*, London/Toronto 1932, Bd. 10.

Heine, Heinrich, *Reisebilder 4.Teil*, in: *Sämtliche Schriften*, München 1976, Bd. III.

Hesse, Hermann, *Italien: Schilderungen, Tagebücher, Gedichte*, Frankfurt/M. 1983.

Mit Hermann Hesse durch Italien. Ein Reisebegleiter durch Oberitalien, hg. v. Volker Michels, Frankfurt/M. 1988.

Hewlett, Maurice, *The road in Tuscany*, 2 Bde., London 1906.

Hutton, Edward, *Cities of Romagna and the Marches*, London 1913.

Hutton, Edward, *The valley of Arno*, London 1927.

Huxley, Aldous, *Along the road. Notes and essays of a tourist* (1925), London 1974.

James, Henry, *Italian Hours* (1909), Pennsylvania 1992.

Jørgensen, Johannes J., *Rejsebogen. Pilgrimsbogen*, Kopenhagen 1915.

Jørgensen, Johannes J., *Der heilige Franz von Assisi: 1182–1226*, München 1952.

Jørgensen, Johannes J., *Gemma e altre storie lucchesi*, Lucca 1983.

Konody, Paul G., *Through the Alps and the Apenines*, London 1911.

Layard, Austin H., *Autobiography and Letters*, London 1903.

Layard, Austin H., *Giovanni Santi e l'affresco di Cagli*, Florenz, 1994.

Lawrence, David Herbert, *Etruskische Stätten* (1932), Freiburg 1989.

Lawrence, David Herbert, *Landschaft und Geheimnis der Etrusker*, Zürich 1955.

Lee, Vernon, *The golden keys and other essays on the genius loci*, Leipzig 1925.

Leed, Eric J., *The mind of the traveller*, New York 1991.

Leed, Eric J., *Die Erfahrung der Ferne: Reisen von Gilgamesch bis zum Tourismus unserer Tage*, Frankfurt/M. 1993.

MacCracken, Laura, *Gubbio. Past & Present*, London 1905.

Martini, Georg Christoph, *Viaggio in Toscana* (1745), Modena – Massa 1969.

Maurel, André, *Petites villes d'Italie*, 3 Bde., Paris 1906–1910.

Misson, Maximilien, *Reise nach Italien*, 2 Bde., Leipzig 1713.

Montaigne, Michel de, *Tagebuch einer Reise durch Italien, die Schweiz und Deutschland in den Jahren 1580 und 1581*, hg. v. Otto Flake, Frankfurt/M. 1988.

Morgan Owenson, Lady S., *Italy*, London 1821.

Morton, Henry Vollam, *Wanderungen in Italien*, Frankfurt/M. 1965.

Morton, Henry Vollam, *Wanderungen in Rom*, Frankfurt/M. 1970.

Morton, Fynes, *An Itinerary* (1593), Glasgow 1907.

Müntz, Eugene, *Florence et la Toscane*, Paris 1906.

Noteboom, Cees, *Der Umweg nach Santiago*, Frankfurt/M. 1995.

Norberg-Schultz, Christian, *Genius loci*, Stuttgart 1982.

Noyes, Ella, *The Carentino and its Story*, London 1905.

Patmore, Derek, *Italian Pageant*, London 1949.

Petit-Radel, Philippe, *Voyage historique, choreographique et philosophique dans les principales villes de l'Italie: 1811 et 1812*, Paris 1815.

Piovene, Guido, *Viaggio in Italia*, Mailand 1957.

Potter Olave, M., *A pilgrimage in Italy*, London 1911.

Ray, John, *Observations topographical, moral & physiological: made through part of the Low-countries, Germany, Italy and France*, London 1673.

Ritter Santini, Lea, *Nel giardino della storia*, Bologna 1988.

Ritter Santini, Lea, *Eine Reise der Aufklärung: Lessing in Italien 1775*, Berlin 1993.

Roth, Joseph, *Orte. Ausgewählte Texte*, Leipzig 1990.

Ruskin, John, *Ruskin in Italy. Letters to his Parents*, Oxford 1972.

Ruskin, John, *The stones of Venice*, 2 Bde., London 1907

Saramago, José, *Viagem a Portugal,* Lissabon 1990.

Schneider, René, *L'Ombrie, l'âme des cités es des paysages,* Paris 1905.

Seume, Johann Gottfried, *Spaziergang nach Syrakus im Jahre 1802* (1803), München 1985.

Sherill, Charles, *A Stained Glass Tour in Italy,* London 1933.

Simonin, Louis, *L'Etrurie et les Etrusques, Souvenirs,* Brüssel 1866.

Spence, William Blundell, *The Lions of Florence,* London 1852.

Staël, Mme de, *Corinna oder Italien,* Hildberghausen 1868.

Stendhal, *Rom, Neapel und Florenz* (1817), Berlin 1964.

Story, William Wetmore, *Vallombrosa,* Edinburgh 1881.

Symonds, John Addington, *Reiseskizzen aus Italien,* Leipzig 1912.

Symonds, John A., *Sketches in Italy and Greece,* London 1874.

Symons, Arthur, *Cities of Italy,* London 1907.

Suarès, André, *Voyages du Condottière,* Paris 1932.

Trollope, Frances, *A Visit to Italy,* London 1842.

Trollope, Thomas A., *A Lenten Journey through Umbria and the Marches,* London 1862.

Veryard, Ellis, *A Voyage to the Levant,* London 1701.

Viollet-Le-Luc, Eugène E., *Lettres d'Italie 1836–1837,* Paris 1971.

Volponi, Paolo, *Cantonate di Urbino,* Lecce 1995.

Wharton, Edith, *Italian backgrounds,* New York 1905.

Wharton, Edith, *Italian villas and their gardens,* New York 1904.

Williams, Egerton R., *Hill Towns of Italy,* Boston 1904.

Woods, Joseph, *Letters of an Architect from France, Italy and Greece,* London 1828.

Bildnachweis: Frontispiz: Aus *Nouveau Guide du Voyageur en Italie,* 1836. S. 6: British Museum, London. S. 10: Illustration für *The Tourist in Italy.* S. 29: London, National Gallery. S. 30, 33: Sansepolcro, Museo Civico. S. 32: London, Victoria & Albert Museum. S. 47, 162/163: Bildarchiv Preußischer Kulturbesitz, Berlin. S. 56: Aus *Illustri Fatti Farnesiani coloriti nel Real Palazzo di Caprarola,* Rom 1748 (Archiv für Kunst und Geschichte, Berlin). S. 65: London, Tate Gallery. S. 104: Bembridge, Ruskin Gallery. S. 132, 165, 167, 169: Illustration für M. Hewlett, *The Road in Tuscany,* 1904. S. 153: Arezzo, San Francesco, Hauptchorkapelle. S. 173: London, British Museum. Alle übrigen Abbildungen wurden vom Autor zur Verfügung gestellt.

Wagenbachs *andere* Taschenbücher

Norberto Bobbio *Rechts und Links*
Gründe und Bedeutungen einer politischen Unterscheidung
»Für diese italienische Einmischung, mit Lust am Demokratischen, mit Leidenschaft gegen die Denunziation von Demokratie als Gleichmacherei, kann man nur dankbar sein.« DIE ZEIT
Aus dem Italienischen von Moshe Kahn
WAT 311. 96 Seiten

Attilio Brilli *Als Reisen eine Kunst war*
Vom Beginn des modernen Tourismus: Die ›Grand Tour‹
Die Geschichte vom Beginn unserer Sehnsucht in die Ferne: Wie die ersten neugierigen Herren (später auch Damen) der Gesellschaft zur Bildungsreise aufbrechen, die naturgemäß im Kunstland Italien endet.
Aus dem Italienischen von Annette Kopetzki
WAT 274. Deutsche Erstausgabe
224 Seiten mit zahlreichen Abbildungen

Vito Fumagalli *Mathilde von Canossa*
Ihre Ehen, ihr politischer Einfluß, ihre Macht.
»Ein lebendiges und bestechendes Portrait einer der bedeutendsten Frauen des Mittelalters.« (Tuttolibri)
Aus dem Italienischen von Annette Kopetzki
WAT 305. Deutsche Erstausgabe 128 Seiten

Brunello Mantelli *Kurze Geschichte des italienischen Faschismus*
Die einzige Geschichte des italienischen Faschismus auf dem deutschen Markt: von den Anfängen bis zum Fall.
Aus dem Italienischen von Alexandra Hausner
WAT 300. Deutsche Erstausgabe
192 Seiten mit vielen Abbildungen

Friederike Hausmann *Kleine Geschichte Italiens von 1943 bis heute*
»Ein handliches, ebenso sachkundiges wie lesbares Buch, das den Schlüssel zum Verständnis Italiens liefert.«
Hansjakob Stehle, DIE ZEIT
WAT 288. 224 Seiten mit vielen Photos. Aktualisierte Neuausgabe

Italia fantastica! *Junge italienische Literatur*

Ein Blick nach vielen Seiten – in die Werkstatt und in die Phantasien der jüngsten italienischen Literatur: in ihre Wachträume und virtuellen Flüge.

Herausgegeben von Gabriella d'Ina
WAT 280. Originalausgabe. 160 Seiten

Goffredo Parise *Alphabet der Gefühle*
Erzählungen

Ein Lesebuch über die Gefühle der Menschen. Für jeden Buchstaben des Alphabets werden eine oder mehrere Empfindungen in einer Erzählung porträtiert, von A wie Amore bis S wie Sex.

Mit zwei Nachworten von Natalia Ginzburg
Aus dem Italienischen von Christiane von Bechtolsheim und Dirk J. Blask
WAT 304. 336 Seiten

Pier Paolo Pasolini *Freibeuterschriften*
Die Zerstörung der Kultur des Einzelnen durch die Konsumgesellschaft

Pasolinis berühmte Polemiken gegen die Konsumgesellschaft, erstmals in einer vollständig revidierten und erweiterten Neuausgabe.
»Dieser Band ist ein Musterbeispiel für die politische Kultur in Italien, deren Debatten heftig, aber nie konformistisch ausgefochten werden.«
Karsten Witte, HESSISCHER RUNDFUNK

Neu herausgegeben von Peter Kammerer
Aus dem Italienischen von Thomas Eisenhardt
WAT 317. 160 Seiten

Ignazio Silone *Der Fuchs und die Kamelie*
Roman

»Ein großer Schriftsteller – sein politisches Buch aus der Welt der kleinen Leute ist ganz ohne Larmoyanz.«
Alfred Marquart, SÜDDEUTSCHER RUNDFUNK

Aus dem Italienischen von Hanna Dehio, überarbeitet von Marianne Schneider
WAT 301. 160 Seiten

Wenn Sie mehr über den Verlag und seine Bücher wissen möchten, schreiben Sie uns bitte eine Postkarte. Wir schicken Ihnen gern die *ZWIEBEL,* unseren Westentaschenalmanach mit Lesetexten aus den Büchern, Photos und Nachrichten aus dem Verlagskontor.
Kostenlos, auf Lebenszeit!

Verlag Klaus Wagenbach, Ahornstraße 4, 10787 Berlin